Ksawery Pruszyński

La Palestine pour la troisième fois
(Palestyna po raz trzeci)

KSAWERY PRUSZYŃSKI

La Palestine pour la troisième fois
(Palestyna po raz trzeci)

TRADUIT DU POLONAIS ET ANNOTE
PAR RICHARD WOJNAROWSKI

 **Ksawery Pruszyński** naît en 1907 dans une famille de propriétaires terriens en Volhynie, aujourd'hui en Ukraine occidentale. Son père Edward est assassiné en 1911. En 1918 sa famille quitte la Volhynie et ses terres à la suite des troubles occasionnés par la Révolution bolchevique, et sa mère vient s'établir à Cracovie. Il effectue ses études secondaires au collège jésuite de Chyrów et entame des études de droit à l'Université Jagellone de Cracovie. Il s'engage dans un mouvement de jeunesse universitaire prônant un Etat polonais renouant avec l'histoire de la Pologne, supranational et conservateur, reposant sur un pouvoir fort. Il devient, avec son frère Mieczysław, un cadre dirigeant local de cette organisation. Il s'oppose en particulier au nationalisme ethnique et à l'antisémitisme ambiants. Parallèlement à ses études de droit, il entreprend une collaboration technique et littéraire avec la revue *Czas* (« Le Temps »). Il obtient son diplôme universitaire en 1931.

En 1932, il effectue pour le compte de différents journaux un reportage sur Gdańsk (Dantzig) qui lui inspire son premier livre *Sarajewo 1914 – Shanghai 1932 – Gdańsk 193?*, dans lequel il laisse pressentir un affrontement européen lié à la situation conflictuelle régnant dans la Ville libre. Il quitte Cracovie pour Wilno en 1933 pour collaborer avec la revue *Słowo* (« La Parole ») et épouse Maria Meysztowicz, également fille de propriétaires terriens. Il part cette même année réaliser un nouveau reportage, en Palestine cette fois, et remboursera ses frais de voyage avec les honoraires dudit reportage, qu'il intitule *Palestyna po raz trzeci* (« La Palestine pour la troisième fois »).

A partir de 1934 il poursuit son activité journalistique à Varsovie et fonde même une éphémère revue, *Problemy* (« Problèmes »). Il part une nouvelle fois en tant que reporter pour suivre la Guerre d'Espagne en 1936, du côté des troupes républicaines : ses reportages sont regroupés dans son livre *W czerwonej Hiszpanii* (« Espagne Rouge »), paru en 1937, qui recevra un très bon accueil, malgré les critiques de certains milieux conservateurs. Son activité de reporter l'amène également dans d'autres pays européens (Allemagne, Tchécoslovaquie, Yougoslavie, Grèce, Danemark).

En Pologne il mène une activité politique axée sur les problèmes du chômage, des minorités nationales, de l'antisémitisme, du mouvement paysan, de la montée du totalitarisme, et s'oppose au mouvement nationaliste *Obóz zjednoczenia narodowego* (« Camp de l'Union Nationale »). Tout en restant fidèle à ses convictions antisocialistes, il prône un libéralisme démocratique. Ses reportages en Pologne sont rassemblés dans son livre *Podróż po Polsce* (« Voyage à travers la Pologne »), paru également en 1937.

Il traduit en polonais « L'été 1914 » de Roger Martin du Gard, et « L'Espoir » de Malraux.

En 1938, il revient à Cracovie avec sa famille. L'invasion de la Pologne par l'Allemagne en 1939 l'oblige à quitter le pays pour rejoindre la France, où il se retrouve au Camp militaire de Coëtquidan, dont il sortira avec le grade d'aspirant. Il séjourne à cette époque avec d'autres compatriotes dans le village breton de Comblessac. Il rejoint les troupes polonaises combattant aux côtés des Forces alliées et participe à la bataille de Narvik en Norvège. Après la défaite de juin 1940, il se met en retrait de l'armée et engage une campagne de publiciste en soutien du général Sikorski, premier ministre du gouvernement polonais en exil à Londres. Il publie ses souvenirs de la campagne de Narvik *Droga wiodła przez Narwik* (« La route passait par Narvik ») ainsi que deux brochures en anglais, *Polish invasion* (« L'invasion polonaise ») et *Poland fights back* (« La Pologne contre-attaque ») destinées à faire connaitre son pays au public anglo-saxon.

Après l'invasion de la Russie par l'Allemagne en juin 1941 et le rétablissement des relations diplomatiques entre l'Union soviétique et le gouvernement polonais en exil, il est nommé attaché de presse de l'ambassade polonaise en URSS et séjourne à Moscou et Samara en 1941-1942, où il noue des contacts avec des communistes polonais. Après avoir été atteint du typhus, il revient à Londres en 1942 et prend part aux polémiques déchirant les instances dirigeantes de l'émigration polonaise. Il prône dans ses écrits une politique de collaboration pragmatique avec la Russie soviétique contre l'ennemi allemand. Parallèlement, il écrit une série de nouvelles qui seront regroupées et publiées en 1946-1948 dans les recueils *Trzynaście opowieści* (« Treize récits ») et *Karabela z Meschedu* (« Le cimeterre de Meshed »).

En 1944 il reprend du service armé et participe aux combats du Débarquement des Forces alliées en Normandie, notamment à la bataille de Falaise, où il est grièvement blessé. Après un long séjour dans les hôpitaux anglais, il rentre en Pologne en septembre 1945 et intègre les services diplomatiques du gouvernement de la République populaire.

Il participe à ce titre à la commission de l'ONU pour la Palestine et dirige la sous-commission chargée de définir les frontières du nouvel Etat d'Israël, qui seront votées le 29 novembre 1947.

Depuis son livre « La Palestine pour la troisième fois », la boucle est bouclée...

Il est nommé en 1948 ambassadeur extraordinaire et ministre plénipotentiaire à La Haye et poursuit en parallèle une activité de publiciste et d'essayiste. Son *Opowieść o Mickiewiczu* (« L'histoire de Mickiewicz ») sera publiée post-mortem en 1956.

Le 13 juin 1950, alors qu'il se rend en voiture à Varsovie, il est victime d'un accident de la route et décède lors de son transport à l'hôpital.

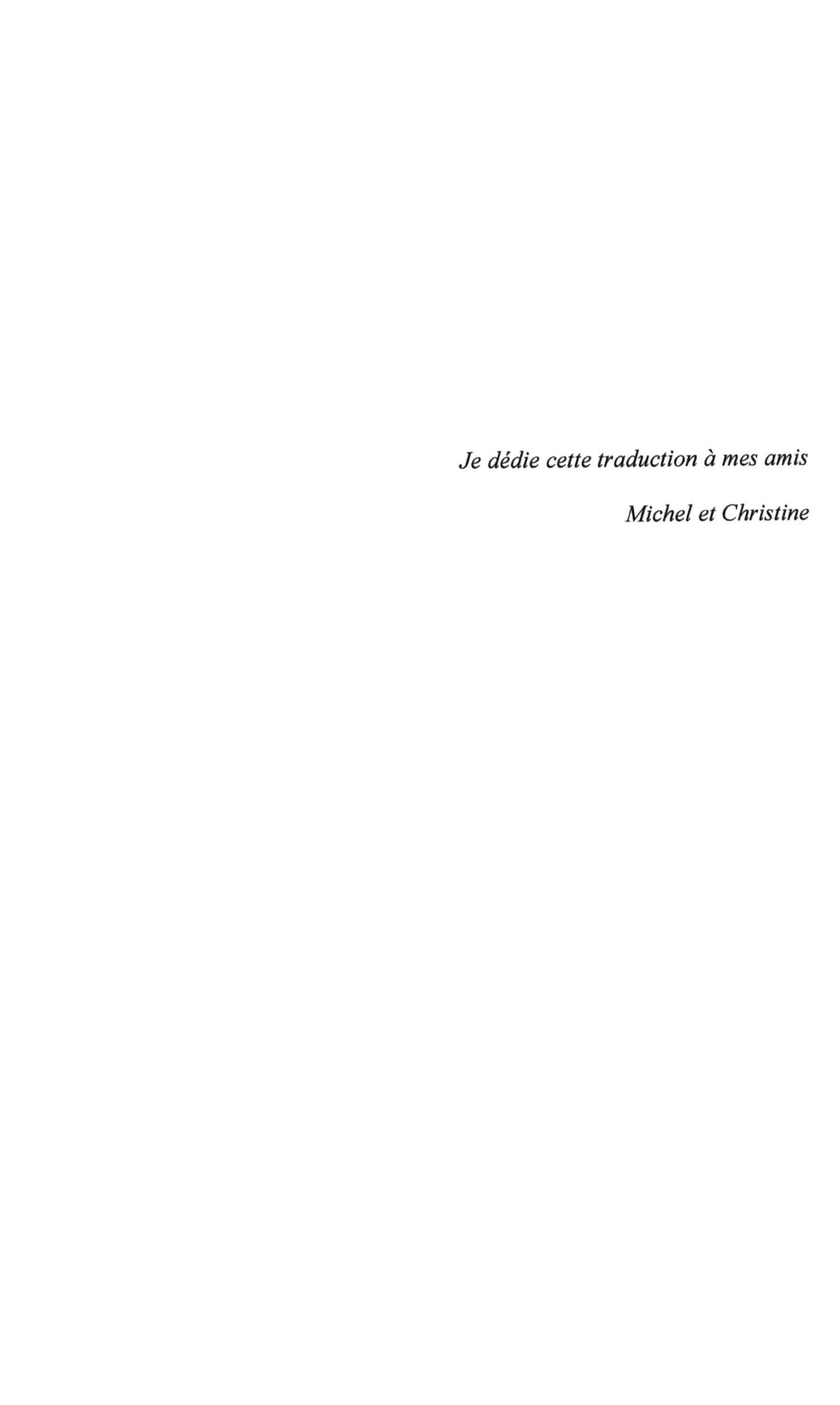

Je dédie cette traduction à mes amis

Michel et Christine

Je me suis rendu en Palestine parce que j'ai été frappé par la différence de ton avec lequel on parle de la Nouvelle Palestine dans ma société, polonaise, et d'autre part, de plus en plus, dans la société juive. Je m'y suis rendu comme un journaliste se rend en un endroit où est censée s'être produite une apparition religieuse, un phénomène comme celui de Thérèse à Konnersreuth[1], par exemple, et où il n'a pas encore été établi s'il s'agit là d'une supercherie ou d'un miracle.

Si ce reportage doit avoir quelque intérêt pour la société polonaise, c'est peut-être celui de s'interroger sur les conséquences du fait, plutôt sous-estimé chez nous, que les idéaux du ghetto et ceux de l'assimilation passent, dans la communauté juive contemporaine, de plus en plus en arrière-plan lointain, faisant place à l'idéal de la restauration de Sion. Et si ce reportage peut avoir quelque intérêt pour la société juive au fait de l'entreprise palestinienne, c'est sûrement en tant qu'avis de quelqu'un de tout à fait étranger, témoin impartial, sur ce que les Juifs créent en Palestine, sur ce qu'y aura vu « quelqu'un d'à côté ».

L'existence de trois millions de Juifs en Pologne est, semble-t-il, un fait suffisant pour justifier la genèse de ce reportage. Qu'on le veuille ou non, ni nous ne pouvons être indifférents à leurs objectifs, ni eux à la façon dont nous réagirons à ces objectifs. Plus que nulle part ailleurs, devrait être connu sur les bords de la Vistule le grand effort de ce pays qui, de nos jours entrant dans l'histoire du monde, ne le fait pas pour la première fois.

---

[1] Thérèse Neumann (1898-1962), née à Konnersreuth en Bavière, est une mystique catholique réputée avoir été le siège de phénomènes extraordinaires (jeûnes, insomnies, visions, stigmates, ubiquité, prophéties…) qui ont suscité la curiosité du monde entier.

AVEC LES HALUTZIM SUR LES MEMES CHALITS

Le « Dacia » est un petit bateau à vapeur, de construction ancienne, effectuant la liaison Constanza[2] - Haïfa. C'est une ligne relativement peu fréquentée à destination de la Palestine : les excellents bateaux à vapeur italiens de la ligne Trieste – Haïfa ont détourné la majorité des passagers vers cette dernière liaison. La roumaine « Dacia » s'est réservé deux catégories de clients : des touristes, séduits par le pittoresque itinéraire par Constantinople, Athènes, les mers grecques, ainsi que les plus pauvres parmi les pauvres émigrants juifs. Cela se voit dès le premier soir : sur le « Dacia » il y a quatre classes différentes pour les places, les repas et — le prix. Quatre. Mais en réalité il n'y en a que deux : la classe des touristes et la classe des halutzim[3].

Au plus profond du bateau, quatre mètres en dessous de la ligne de flottaison du navire, une longue soute en bois porte le nom de quatrième classe. Alignés le long de ses parois, des châlits en bois de faible hauteur. Sur deux niveaux. Sur les châlits de qualité supérieure du premier niveau on peut même se tenir assis sans se cogner la tête aux planches. Sur ces châlits il y a officiellement de la place pour quelque cinquante personnes. Mais on vous accepte en quatrième classe sans limitation de places : on peut être cent, deux cents. Telle est la règle du capitaine. Présentement, il y quatre-vingt-sept passagers. Ce nombre va varier dans chaque port, tantôt augmentant, tantôt diminuant. Mais il en restera toujours beaucoup qui pendant cette semaine n'obtiendront d'autre place que sur leurs propres valises, déballées au milieu de la quatrième classe. Quelques-uns s'échapperont un demi-niveau plus haut : la nuit l'air y est moins vicié, en revanche on y subit la chaleur des machines. Malgré tout, c'est peut-être mieux.

Le grand salon du navire, avant même que le « Dacia » n'eût levé l'ancre, était abondamment éclairé. Y était passé, venant de la salle à manger du bas, tout le *high life* des classes du haut. Des toilettes. Du bridge. De la musique. Depuis le pont, on voit à travers un hublot fondre

---

[2] Ville portuaire de Roumanie.
[3] Littéralement « les pionniers » : le Halutz était un mouvement de jeunesse sioniste fondé en 1914 en Russie, destiné à préparer la population juive au retour en Palestine pour y créer des colonies agricoles.

lentement, lentement les glaces crémeuses dans les coupes d'argent, ainsi que « la glace » des convenances. Celle-ci beaucoup plus lentement. La compagnie est visiblement très coincée et tout entière engoncée dans sa propre distinction, à l'instar du roi Charles II[4] (ce dernier depuis son grand portrait en uniforme d'amiral, sur la paroi principale du salon) avec ses décorations. Les messieurs vont et viennent, s'arrêtent. Ils friment. Les profonds fauteuils de salon et les petites chaises garnies de peluche sont délaissés. Trois niveaux plus bas, pas une seule valise ne reste inoccupée. Il y a juste un instant, tous là-bas ont chanté en quittant le port l'hymne des halutzim, ce qui ne fut pas sans effrayer le jeune adjoint du capitaine : cela peut être des choses communistes, et la police va rappliquer. A présent ils rient tous, discutent, crient en s'interpelant. Tous sont jeunes.

Je suis le seul non-Juif de ces quatre-vingt-sept. A part quelques rares exceptions, ce sont tous de jeunes Juifs roumains. Ils vont en Palestine. D'où leur joie. Ils y vont pour toujours. Pour toujours officiellement, ce qui veut dire que, « certificats » d'émigration à l'appui, près des deux tiers d'entre eux partent comme d'authentiques halutzim, élevés dans le cadre d'organisations de jeunesse juives, formés comme colons et travailleurs. Halutz, mot hébreu, signifie pionnier. Ce sont justement de jeunes pionniers d'une œuvre, œuvre poursuivie depuis si longtemps et si laborieusement, dont nous parlons encore parfois chez nous comme d'une utopie et d'une chimère, et qui pourtant a déjà produit des résultats à une échelle plus vaste que celle qu'imaginaient ses premiers fondateurs. Rares sont ceux qui ont plus de vingt et un ans. Pratiquement tous ont 18-20 ans. Pareil pour les filles. Il y a un peu moins de filles que de garçons. Elles sont plus calmes, peut-être se réjouissent-elles moins.

La seule forme d'organisation qui ici n'ait pas été abolie, mais bien au contraire plutôt créée par les dispositions de la quatrième classe, c'est la répartition en châlits. Communauté de gîte *oblige*[5]. Les châlits — c'est comme des quartiers, des arrondissements. Ces trois-quatre personnes, c'est une même hewra[6] qui sympathise dès le premier abord, surtout si

---

[4] Roi de Roumanie de 1930 à 1940.
[5] En français dans le texte.
[6] Mot hébreu signifiant « bande, compagnie, confrérie... »

d'aventure elle parle russe (car beaucoup ici viennent de Bessarabie[7]), se tutoyant tout de suite par le seul fait de déposer ses affaires ici et non par exemple contre l'autre paroi. Ils n'ont rien de vieilles connaissances. Lorsqu'on est sorti sur le pont, la hewra veille à ce que quelqu'un ne s'avise pas « d'emprunter » un miroir qu'on n'a pas rangé dans sa valise. La hewra ne permet pas qu'une copine d'un châlit voisin déplace vos valises. A l'inverse, la hewra vous regardera de travers si vous gratifiez de vos oranges venant de Constanza, ou ne serait-ce que du thé de votre thermos, des occupants d'un autre châlit avant votre propre voisin : variées, différentes, multiformes, changeantes et ne se manifestant pas de la même façon sont les coutumes de la communauté des châlits.

Survient ensuite la nuit, agitée, une pénible nuit sur la mer Noire. Puis viennent sept longues journées et sept longues nuits, une semaine entière passée ensemble sur ce même pont et sur ces mêmes châlits. Il n'y a que dans les casernes, les prisons et les baraquements de l'émigration que, la nuit, on respire ainsi un air qui est passé par cent autres poumons, qui vit sa propre vie, s'imprégnant de tout ce qu'on fait et de ce que font ces autres. Plus il s'est imprégné, plus on est serré en quatrième classe du « Dacia », plus étroitement, plus intimement, plus fraternellement on peut sympathiser avec un jeune Juif rencontré par hasard, un journalier de Kichinev ou de Botoşani[8]. Les petits caractères noirs en hébreu figurant sur leurs « certificats » — donnant droit à s'établir en Palestine — demeureront pour longtemps, peut-être pour toujours, un sésame hiéroglyphique pour un Arien. Mais devant lui s'ouvrira le monde intérieur du « moi » de ces gens, inconnu jusqu'à présent, séparé par sept montagnes et rivières. Sept jours passés ensemble au fin fond d'un navire d'émigrants font beaucoup. Une vie commune dans les profondeurs possède véritablement un grand pouvoir de souder les gens.

---

[7] La Bessarabie était une province du royaume de Roumanie entre 1918 et 1940 ; elle est aujourd'hui partagée entre la république de Moldavie et l'Ukraine.
[8] Kichinev est la capitale actuelle de la république de Moldavie, Botoşani une ville de Moldavie roumaine.

Moïse Schamroth est un de ceux avec lesquels j'ai sympathisé le plus vite. Il a vingt ans, mais en paraît moins car il est d'un physique fluet. Habitant Bucarest depuis une dizaine d'années, il a travaillé comme expéditionnaire pour un quotidien juif. Il est intelligent, a dépassé de beaucoup grâce à la lecture son niveau d'instruction scolaire, sa scolarité s'étant terminée sans doute en troisième du secondaire. Du reste, de toute la quatrième classe du « Dacia », il y a à peine quatre halutzim ayant fréquenté l'université, et aucun d'eux n'est allé jusqu'au bout. Moïse Schamroth aime expliquer. Il le fait très consciencieusement et professoralement.

— Qu'est-ce qui vous incite, vous les jeunes, à déménager en Palestine ?

— Vois-tu — dit Moïse — il y a quatre motifs, intervenant avec plus ou moins de poids. En premier, des traditions nationales : c'est notre patrie. C'est un argument présent chez tous, mais pratiquement jamais le principal motif ; à l'exception peut-être des sionistes-révisionnistes, des réactionnaires. Mais il n'y en a pas ici...

— Et après ?

— En deuxième lieu — énumère le halutz — il y a les conséquences de la crise. Pour un jeune Juif sans argent, gagner sa vie par un quelconque moyen devient de moins en moins faisable, difficile, sans espoir. Ces gens ne peuvent plus vivre dans une société étrangère, ne serait-ce que parce qu'ils ne gagneront pas même cinq lei[9] par jour. La Palestine offre la possibilité d'un travail qui dans le pire des cas assure la subsistance. C'est un argument terre à terre. Si c'est le seul argument qui incite quelqu'un à partir au pays — alors basta. Pour finir, un autre argument intervient encore — très fort en ce moment, peut-être le plus fort ; je ne sais pas si l'on t'a dit, mais nous tous faisons partie de collectifs agricoles, de communes. Les communes de Palestine et la Russie, ce sont les seuls endroits où le monde recherche vraiment de nouvelles formes d'existence, où il s'est déjà libéré de la prédominance des classes improductives. C'est notre ambition que de participer à cette libération, à cette immense œuvre. Notre Palestine montrera la voie au monde.

Schamroth s'épanche, spontanément ou bien, en réponse à mes questions incidentes, brièvement, résolument. Je lui dis que le sionisme n'est pas un mouvement rouge.

---

[9] Monnaie roumaine et moldave.

— Oui — confirme-t-il — mais nous, nous sommes rouges… — Des national-communistes alors ? — Il rit. — Oui, on peut le dire comme ça. Moi — dit-il — j'étais communiste. Lorsqu'on m'a convaincu que le communisme était compatible avec l'idée de nation, je suis devenu sioniste.

Mais Moïse Schamroth l'est devenu pour une autre raison encore : c'est qu'il ne croit pas à l'avènement proche du communisme. — Le communisme est venu au monde trop tôt : c'était une naissance prématurée, provoquée par la guerre. C'est pour cela qu'il fut si sanglant ; c'est pour cela qu'il boîte. — (Moïse Schamroth est trop lucide pour se laisser tromper par les perspectives du quinquennat et trop honnête intellectuellement pour mentir ; il ne cache pas les échecs du communisme, il préfère les expliquer). L'humanité — d'après lui — est détournée du régime communiste par deux choses : l'énormité, justement, de victimes qu'a coûté son instauration, et son caractère coercitif de A à Z. Et voilà qu'en Palestine ont déjà émergé les fondements d'un régime communiste sans effusion de sang ni contrainte, et donc des fondements que l'humanité ne rejettera pas, qui la sauveront de la crise. La grande œuvre historique d'Israël.

En dehors de l'URSS et des colonies palestiniennes il existe pourtant encore un autre collectif au monde : il se loge justement au sein de ces jeunes halutzim du navire. Les vues de Moïse Schamroth, dont l'influence ne se cantonne pas à ses camarades de châlit, sont, bien que de manière moins tranchée, partagées par l'ensemble. Mais Moïse Schamroth, orphelin et autodidacte, n'a pas encore énuméré un argument qui, bien que plutôt d'ordre sentimental, constitue pour l'émigration des halutzim un stimulus très fort : l'attrait de la liberté.

▧▧▧▧▧▧

C'est Klara Zalatkowska qui m'a révélé que ce sentiment, précisément, était si fortement ancré au sein de ces jeunes à moitié communisés. Contrairement à l'adolescent frêle et chétif qu'est Schamroth, c'est une jeune fille vigoureuse, robuste. Elle est presque belle et ne ressemble pas à une Juive. C'est la fille d'une « famille prolétarienne pur-sang » — comme me l'a fait savoir, par deux fois, Moïse Schamroth, qui lui-même n'a malheureusement pas (comme il le dit) d'antécédents prolétariens aussi purs. La formation de Klara, mis à part quelques rudiments très frustes, ne consiste probablement qu'en l'écoute de discussions d'autrui. Des jeunes filles du « Dacia », ce n'en est pas moins la plus intelligente.

— Tous pratiquement avaient une vie très triste au pays (le pays c'est la Roumanie). Pas tellement des conditions difficiles, mais une vie triste. C'est incroyable à quel point, dans une même famille, les disputes quotidiennes entre jeunes et vieux sont vives. Nos aînés ont très peu évolué : ils sont restés comme il y a vingt, trente ans. Quand je regarde les jeunes filles roumaines, j'ai l'impression qu'elles sont moins modernes que les nôtres. Et pourtant leurs parents ont mieux évolué avec leur temps. De bonnes relations avec nos vieux ne s'instaurent que lorsque nous, les jeunes, nous quittons la maison. Plus nous nous éloignons, mieux c'est.

Cette scission au sein des générations, ça peut être en effet un problème très grave dans la société juive pauvre.

— Et puis — poursuit Klara — les jeunes aujourd'hui se sentent complètement différents de leurs parents, mais aussi de tout le reste…

— Du monde entier ? — j'essaie de lui faire préciser sa pensée, car elle ne trouve pas ses mots.

— Oui — Klara s'empare de cette tournure — du monde entier. Vous voyez, il se trouve que c'est comme ça. Les journaux roumains écrivent que les jeunes Juifs sont tous communistes. Moi j'en ai vu de toutes sortes, et mon impression est autre : non, ils ne sont pas communistes, même quand ils militent. Ils sont simplement contre ce qui est, et essaient de voir s'ils peuvent trouver dans le communisme ce qui leur convient. Ils le recherchent également dans le sionisme. Et vont de l'un à l'autre.

Cette discussion se déroulait le soir du quatrième jour de voyage. Du pont supérieur, à côté des canots, nous regardions le phare du Pirée s'allumer et s'éteindre toutes les trente secondes.

— Et pourquoi passent-ils ensuite au sionisme ?

— Voyez-vous, dans toute cette affaire c'est peut-être la chose la plus facile à expliquer : ils ne veulent pas attendre… Ils veulent se créer une vie telle qu'ils la veulent — pour eux. Et donc s'emparent de l'occasion la plus prochaine. Les collectifs agricoles en Palestine — c'est comme si nous avions déjà, dans un nouveau régime, enjambé toute la révolution. Ça va plus vite. C'est même — tout de suite.

Deux jours plus tard Klara revint d'elle-même à cette discussion et ajouta encore des remarques qui lui étaient venues plus tardivement à l'esprit. A savoir :

— Ce n'est pas seulement la possibilité de réaliser immédiatement, pour soi, ses aspirations sociétales qui incite à se rendre en Palestine. Ici, un autre facteur entre encore en jeu : les jeunes, les plus enclins au communisme, ignorent malgré tout si, une fois dedans, ils ne connaîtront pas une complète désillusion. Et il sera difficile alors de « chambouler à nouveau le monde ». C'est une chose. Et puis — là-bas « en Russie » tout est déjà comme figé, c'est comme c'est.

— Un peu comme les icônes — plaisanté-je. Mais Klara ne pige pas la comparaison. Je lui représente les figures des peintures byzantino-orthodoxes, raides, immobilisées dans leur attitude.

— Oui, comme les icônes — saisit-elle. — Трогать воспрещается[10]. Alors qu'en Palestine on démarre tout, et à sa manière. On essaie d'une façon, puis d'une autre. Là-bas, c'est nous-mêmes qui allons essayer. Si ça ne plaît pas à tout le monde, on changera. Si ça ne me plaît pas à moi — je m'en vais.

— Et vous alors — comment vous allez faire ?

Klara, comme beaucoup de jeunes filles, ne sait pas. Pour commencer, évidemment dans un collectif. Autrement, pas de subsistance, peut-être même pas de place. Plus tard — как лучше. Au mieux.

▓▓▓▓▓▓

Cette riante, mais sérieuse jeune fille est une des rares jeunes filles se rendant seule en Palestine. La plupart d'entre elles ont des amis, fiancés, maris, parfois de longue date. Dans une certaine mesure, tous se sont enfuis de chez eux. C'est seulement au premier coup d'œil qu'ils apparaissent venus du fond de la misère. Sur le châlit à côté de moi dormait le fils d'un riche négociant en grains des environs de Buzău[11] ; je ne l'ai appris que par ses compagnons du même district. Il s'est trouvé que quelqu'un a fait une allusion à ce propos. Moïse Schamroth me le désignait avec réticence. Schamroth ne l'aime pas, pas plus qu'il n'aime quelques jeunes filles, délicates, habillées avec une certaine — oh, bien modeste — prétention à l'élégance. — Celles-là ne vont pas travailler — dit-il une fois. — Elles ne sont pas plus faibles que toi — répondis-je. Je

---

[10] « Interdit de toucher » en russe.
[11] Ville de l'est de la Roumanie.

n'ai pas compris alors combien il y avait de cruauté dans ma répartie du tac au tac. Mon compagnon s'éloigna et ce jour-là me bouda. Mais il revint bien sûr à nos longues discussions, je l'assurai que le travail fortifie énormément, que sous le climat méridional on s'endurcit rapidement, qu'il n'était pas du tout faible. Mais l'ombre de la discussion de l'autre jour demeurait. J'avais frappé ce gringalet à l'endroit le plus faible.

C'est à ce moment à peu près que survint l'incident suivant. Un matin, très tôt, je surpris sur le pont à côté du poste de pilotage quelques vieux Juifs et trois jeunes de la troisième classe. Ils avaient revêtu des habits rituels et lisaient *le Livre*. J'observais ce spectacle et j'avais une grande envie de photographier ce groupe de pèlerins hassidiques[12] en mer Ionienne, se rendant à Jérusalem, mais je craignais de les offenser. A ce moment survint mon ami venant de l'avant du navire. Il vit cela — et me sourit. Un long laps de temps s'écoula. Le silence régnait sur le bateau et sur la mer. Les Juifs continuaient à prier en se balançant, moi je continuais à regarder le jeune Juif qui continuait à sourire ironiquement. Ce jour-là je commençai à parler religion avec les halutzim. Pour eux, elle n'existait pas. De différentes manières, d'ailleurs. Moïse Schamroth s'avéra une fois de plus être un matérialiste historique, entier, communiste conséquent, déviant uniquement du point de vue de la nation. Il n'aimait pas la religion, se moquait des rites. Pour d'autres il en allait autrement. Que Dieu existe ou non, ce sont là des questions très lointaines et douteuses. Ce qui en revanche est hors de doute, ou moins douteux, c'est que nos pratiques religieuses (et certainement les pratiques religieuses d'autres confessions — ajoutaient-ils avec non moins d'assurance) n'ont pas de sens. Elles ont pu être utiles jadis, quand l'habillage religieux était indispensable pour garantir certaines exigences d'hygiène, sociales, nationales. Aujourd'hui on n'en a plus besoin. Et d'ailleurs ! Ce qui existe, ce qui aujourd'hui est vraiment palpable — c'est la Palestine.

---

[12] Juifs piétistes.

ESCAPADE EN CHEMIN

« Vous serez accueillis par le soleil, la terre et le vin grecs » — c'est ce qui est écrit dans une brochure touristique. Elle me revint à l'esprit, alors que je rassemblais toutes mes connaissances de grec ancien (lycée classique, ancienne formule) afin de choisir dans un menu d'une longueur inouïe des plats « authentiquement grecs ». Cela m'aurait en vérité épargné de commander un *felenes oites*, qui s'avéra être tout bonnement une escalope viennoise. Une vraie malchance : venir en Hellade pour retrouver la Galicie[13] ! J'avais en tête que dans un des passages à la fin de l'*Apologie de Socrate* (ou peut-être du *Criton*, pas moyen de m'en souvenir) le savant Platon avait énuméré toute une série de plats de l'Attique. Platon n'était pas un plébéien et était philosophe, il devait donc certainement s'y connaître en gastronomie. Malheureusement je n'ai rien retenu de l'*Apologie* en dehors de l'argument des « démons » résidant chez l'homme et lui conseillant — comme l'affirmait Socrate devant le tribunal — ce qu'il ne devait pas faire, mais non (hélas) ce qu'il devait faire. L'escalope viennoise me découragea définitivement d'avoir recours aux conseils du serveur, et je décidai de choisir au petit bonheur la chance. Ce qui me valut, au lieu d'une soupe, une très curieuse salade de champignons et d'olives dont il fallut d'urgence soutenir la saveur au moyen d'une « attique pure ». Tout cela jusqu'à présent manquait singulièrement de consistance. Je cherchai donc, longtemps, et finis par déchiffrer : ba-bu-nia[14].

Cela figurait solennellement écrit en beaux caractères grecs, mais avait une consonnance plutôt polonaise. Ah, pensai-je, a-t-on idée d'appeler ainsi un plat. Déjà du seul point de vue publicitaire ce n'est pas très aguichant. Passe encore pour le cannibalisme ; mais la perspective de consommer une personne qui pour une autre est sa mamie — pas question ! Si encore c'était du vin, je comprendrais, c'est une discrète allusion à son âge canonique. Mais de la viande ! Sur le coup j'étais terrorisé. Et si c'était... un beefsteak de « mamie » ? Mais le serveur me tranquillisa

---

[13] Cette région historique d'Europe de l'Est fut entièrement polonaise pendant l'Entre-deux-guerres avant d'être partagée en 1945 entre la Pologne et l'Ukraine.

[14] « Mamie » en polonais.

en me montrant, gestes à l'appui, que cette « mamie » nageait. Bon, si c'est un poisson, passe encore.

Pour commencer cela se passa comme — je l'avais lu — dans les restaurants parisiens : dans une petite bassine en fer nickelé on m'amena non pas une, mais toute une compagnie de mamies, s'ébattant gaîment comme d'authentiques petits-enfants. Leurs écailles avaient d'agréables chatoiements rouges et argentés. Avec la mine d'un connaisseur je choisis la première venue, qui partit aussitôt se faire griller. Cela dura très peu de temps. Ensuite on me servit cette même « mamie » dans un petit plat d'argent, remplie d'une mystérieuse farce et nappée d'une sauce rouge et jaune. La seule chose que j'en savais c'est que dans sa composition il y avait entre autres du vin sucré d'Eubée ou de Salamine. Cela me rappela la bataille navale de Salamine contre les Perses et j'avalai la « mamie ». Avec grand appétit et sans scrupule.

L'après-midi m'enseigna cette grande vérité, ne figurant pas encore dans les guides, qu'on se perd non seulement dans un menu athénien, mais aussi dans les rues athéniennes. Cela se produisit lorsque depuis le parlement (aussi pompeux que banal) je cherchais « le plus court chemin » jusqu'à l'Acropole, visible comme sur la paume d'une main. Lorsque je me mis à chercher ce « plus court chemin », cette « paume » s'allongea jusqu'au « coude », arrivant au muscle nodal de l'épaule, quand enfin, empruntant le *hodos* Lycurgue (un *hodos* — route — à qui seule une ruelle de Suburre[15] pouvait disputer la dignité) je me retrouvai sur une place un peu plus spacieuse. Des cris, une manifestation, de la police. Une manifestation d'une trentaine de personnes peut-être, mais une manifestation quand même. La police disperse — c'est-à-dire agite des matraques en l'air, la manifestation s'égaille à droite et à gauche. La police haletante poursuit par ci par là — car bien évidemment « les masses » vont manifester sur une autre placette. Et il va falloir derechef agiter les matraques en l'air. Ici à Athènes tout ça se passe gentiment.

La police, compréhensive, n'arrache pas les affiches communistes, et

---

[15] Quartier interlope de la Rome antique.

donc je peux lire au kiosque le plus proche une grande proclamation aux *ergotetes* et *agrotetes* (ouvriers et paysans) leur enjoignant de participer au « jubilé panathénien de Marx ». Ce terme « panathénien » sonne joliment, il n'y a pas à dire, vraiment de manière hellénique. Mais entre-temps nous débouchons sur une route asphaltée et un bosquet récemment planté sur le bas-côté — et l'Acropole.

Rien que l'entrée avait déjà pour moi un arrière-goût mythologique ; je tombai en effet sur quelques compagnons de voyage qui se tenaient debout à la grille, sans la franchir. Ils ne pouvaient pas rentrer, pour la même raison que ces âmes à qui l'on n'avait pas introduit dans la bouche l'obole permettant de payer Charon. Les Charons modernes de l'Acropole la valorisent davantage que les prairies de l'autre côté du Styx ; ici il faut régler 50 drachmes sonnantes et trébuchantes. Mais ce n'est pas pour rien qu'on a lu Homère dans le texte et qu'on transporte dans sa valise les philippiques de Démosthène : je suis entré. Et alors, dans leurs vestiges, m'a frappé la différence entre ces deux villes mortes : Constantinople — et Athènes. Si ressemblantes, et si profondément différentes.

Constantinople est une ville en deuil. Depuis le cireur de chaussures qui déballe ses petits pots en cuivre, multiformes, à la porte de la mosquée la plus fréquentée par les touristes, jusqu'au vieux mufti marchant d'un pas digne et véritablement seigneurial, tout porte ici le deuil des jours antiques de la capitale. Sainte Sophie est en deuil, la mosquée d'Ahmed est en deuil, la mosquée de Bayazid.

Athènes, en revanche, n'est pas en deuil.

Athènes a aussi son défunt. Des années durant on l'a exhumé avec piétisme et avec piétisme on recherche dans son tombeau le plus petit et le plus menu de ses reliquats. Mais le Grand Défunt d'Athènes — est mort il y a longtemps. Le temps du deuil a expiré. Et il n'y a pas l'ombre d'un deuil, l'ombre d'un chagrin après son exhumation.

L'Acropole, à part trois ruines de temples, est aujourd'hui un champ semé de pierres. Elles gisent côte à côte, telles les fragments de quelque chose qu'aucune force aujourd'hui ne sera capable de reconstituer dans son ancienne intégrité. Vu au travers de la massive colonnade du temple de Thésée, cela ressemble à un cimetière. Et c'est un cimetière.

Au soleil couchant, les colonnes doriques de l'Acropole brillent non seulement par la blancheur de leurs marbres ; livrées aux intempéries, elles brillent également par leurs taches jaunes. Elles prennent alors la couleur d'un crâne humain complètement desséché, ayant séjourné des siècles entiers en terre. — Les murs gris, couleur de terre, du vieux

Constantinople ont eux, par moment, le teint funèbre d'un cadavre pas encore enlevé de son catafalque.

UN PAYS QUI NE CONNAIT PAS LA CRISE

Les budgets de tous les Etats ont aujourd'hui pour idéal de clôturer l'année sans déficit : le budget de la Palestine depuis quelques années est constamment excédentaire.

Partout, le budget de la défense est énorme : la Palestine ne finance que les quelques régiments qui y stationnent.

Tous les Etats se sont enfermés derrière des barrières douanières : la Palestine, à de rares exceptions près, ne connaît que les taxes fiscales.

Partout le capital s'est grippé ou est insuffisant : en Palestine il abonde et circule facilement.

Partout ailleurs existent des régimes fiscaux très évolués : la Palestine ne connaît qu'un impôt des plus simples sur la fortune et une politique de protection et non pas de destruction du contribuable.

C'est pourquoi, alors que partout il y a du chômage, la Palestine manque de bras.

Telle fut, en bref, la réponse à ma question sur l'origine de la prospérité actuelle de la Palestine. Elle me fut donnée par Bernard Hausner, consul de la République[16] à Tel Aviv. Nous nous tenions sur le balcon de l'immeuble qui abrite le consulat : Tel Aviv étendait devant nous sa tache blanche de maisons et de rues, qu'enlacent la vaste étendue marine de la baie de Jaffa et la verdure des bosquets d'orangers. Mais ce que nous regardions en ce moment, ce n'était ni la mer ni le pays, mais la ville. Nous la regardions grandir.

A notre droite et à notre gauche, juste devant nous, un peu plus loin et tout au loin — on bâtissait. Montefiore *street* — ce n'est pas une quelconque banlieue. Partout, ici et ailleurs, à perte de vue, on était frappé par une seule chose : les constructions en cours. Du sable blond et des tas de ciment blanc, les pieux de béton des futures maisons, des échafaudages et des fondations de partout. Cela donnait l'impression que les bancs de sable du bord de mer se soulevaient et éjectaient quelque chose qui en d'autres endroits s'était déjà solidifié sous forme de murs fraîchement maçonnés.

La première chose qui m'a frappé en Palestine, ce fut l'immense

---

[16] La République de Pologne.

prospérité du pays. Après la grise et misérable Turquie, après la Grèce dissimulant sa misère, ce pays respire l'opulence. *Ici il n'y a pas de crise.* A Haïfa, port au grand avenir, un maçon gagne 10-15 zlotys par jour. Les maçons d'ici sont le plus souvent sans qualification : parmi les halutzim il n'en est pratiquement aucun qui n'ait travaillé, ne serait-ce que peu de temps, comme maçon. Les deux tiers des émigrants de ces huit dernières années, ont été plus ou moins longtemps, ou seront peut-être, des maçons — presque un symbole ! La vie coûte de l'ordre de 5-6 zlotys par jour. Je n'ai pas réussi, même approximativement, à déterminer les effectifs employés dans le bâtiment à Tel Aviv, Jérusalem et Haïfa, les trois villes où l'on construit le plus, on les estime cependant à 12-18 mille. Dans leur grande majorité, ces gens se convertiront ensuite dans l'agriculture, et aujourd'hui, profitant de la bonne conjoncture dans le bâtiment, ils économisent dans cette perspective. Compte tenu du rapport actuel entre le coût de la vie et les salaires, leur possibilité d'épargner n'est pas négligeable. Un autre argument l'accroît encore : dans la conscience de ces maçons occasionnels, comme d'ailleurs dans celle de l'ensemble des ouvriers palestiniens, est ancré l'exemple dissuasif de l'ouvrier américain qui pendant les années de conjoncture faste de l'économie a porté sa consommation aux limites de son salaire et s'est trouvé complètement démuni au moment de la crise et du chômage. — Chez nous les effectifs du bâtiment tournent rapidement — me disait un jeune architecte. Après avoir amassé un pécule, ils partent travailler à la campagne.

Il n'y a pas de chômage, au contraire : le travail manque de bras. Il manque de bras, bien que la Palestine, qui avant-guerre (à part bien sûr l'immigration sioniste) commençait presque à manifester une tendance à l'émigration, soit aujourd'hui typiquement un pays d'immigration. Pendant la saison des travaux ruraux il a fallu d'urgence envoyer les élèves de toutes les classes travailler à la campagne : cette crise *à rebours*[17] en était arrivée à ce point ! Il manque de bras, en dépit des masses du prolétariat arabe qui peut-être possède l'aversion au travail d'un Espagnol, mais est bon marché comme les coolies chinois. Il manque de bras, alors que les immenses étendues de vergers d'orangers, appelées pardès[18], réclament une culture soigneuse, méticuleuse, non mécanisée. Il manque

---

[17] En français dans le texte.
[18] Au sens littéral « jardin, verger » (cf. paradis) ; mais aussi, dans la tradition de la Kabale, lieu où l'on peut atteindre la béatitude grâce à l'étude de la Torah.

de bras, alors qu'à côté d'une immigration de travailleurs contingentée existe encore, très nombreuse, une immigration d'arrivants « touristes » qui se fixent définitivement dans le pays. Il manque de bras, alors que la population de Haïfa a doublé pendant ces quatorze années, que le quartier juif originaire de la cité arabe de Jaffa s'est développé en une ville de presque soixante mille habitants, alors que Jérusalem s'est agrandie de deux gros arrondissements, que des colonies à la campagne se sont transformées en petites villes, et qu'une série de gigantesques travaux publics, surtout dans le domaine des transports, est déjà presque achevée.

Il y a pléthore de capital. C'est la première réflexion qui vient à l'esprit à la vue de cette richesse. En effet, il y a pléthore de capital. Mais en consultant les chiffres il apparaît que l'intérêt du grand capital étranger pour ce tout petit pays est une chose qui ne fait que commencer. Jusqu'à présent, le grand capital international, avant tout anglais, puis américain, s'est concentré sur la construction du port d'Haïfa, de la grande centrale électrique de Rutenberg, des salines de potasse de la Mer Morte. Il y intervient d'ailleurs de concert avec le capital juif. En revanche, deux centres industriels récents — Tel Aviv et Haïfa — n'en ont bénéficié qu'à dose infinitésimale. En agriculture, il est complètement absent. Or la Palestine, c'est l'agriculture, la Palestine — ce sont des plantations d'orangers, qui aujourd'hui déjà supplantent toutes les autres sur les marchés mondiaux. Tout cela c'est du capital juif. Du capital venant de puissantes institutions nationales qui collectent des contributions dans le monde entier pour la restauration d'un *home* spirituel pour les Juifs, du capital privé des couches aisées de l'émigration. Il y a infiniment peu de capitalistes à grande échelle parmi eux.

On a d'abord l'impression que tout ça est un peu artificiel : tout autour règne la misère. La France étouffe sous son or, et pourtant la Syrie française, juste à côté, vit une crise d'une acuité inouïe, elle la vit avec l'Europe. La Grèce, l'Egypte, la Turquie, la Transjordanie de même. La Palestine apparaît ici comme une oasis. Une ambition bien particulière, un certain « endette-toi, mais ne mégote pas[19] », a sans doute commandé aux Juifs de produire ce phénomène grâce à leurs millions de dons. Il y a peut-être là-dedans une subtile spéculation, quelque hameçonnage du capital étranger, une arnaque à l'échelle mondiale ! Il suffit d'y regarder de plus près, pour constater combien ce jugement est pertinent.

---

[19] Proverbe polonais.

La Palestine est une création artificielle. C'est un fait indéniable. Pendant des dizaines d'années on a investi dans ce pays des hommes et du capital. Ces investissements étaient des investissements non commerciaux, non rentables. Les gens partaient là-bas par idéal, comme ils partaient en Amérique pour s'enrichir. Le capital allait là-bas par philanthropie, grâce à la généreuse fantaisie des magnats de l'argent. Et les hommes, le capital, partaient à fonds perdus, rapportant dans le meilleur des cas des plus-values plusieurs fois moindres que celles que faisaient miroiter dix autres pays. C'est même étonnant qu'une nation au sens commercial si développé ait pu être aussi peu commerçante. La Palestine restaurée — Eretz Israël, la terre d'Israël comme l'appellent les Juifs — est née artificiellement. Mais existe naturellement.

L'or qui circule dans ce pays gicle de deux grosses artères : il afflue de la diaspora, soit sous forme de millions de petites contributions, soit sous forme de capital apporté par les nouvelles vagues de colons. Mais cet or afflue vers la Palestine également pour les fruits de cette terre. Ce qui a été bâti en Palestine est rentable. L'investissement non commercial, non rentable, l'investissement consenti au moment où l'on pensait tout au plus à l'élevage des moutons ou à la vigne, quand il n'était pas encore question du grand trésor du pays — les oranges — s'est avéré non seulement rentable, mais une affaire en or. Illustrons cela : un dounam de terre au pays des oranges coûte aujourd'hui de 18 à 40 livres palestiniennes. Une livre vaut 32 zlotys, le dounam — environ un dixième d'hectare. Le prix moyen d'une *dziesięcina*[20] de terre encore inculte (les orangers ne produisent qu'au bout de quatre ans), pourvu seulement qu'elle dispose d'eau, précieuse dans ces contrées, est de 6-8 mille zlotys. Malgré ces prix, tout le monde se précipite aujourd'hui sur les oranges.

Le mythe d'une Palestine qui ne vivrait que de mendicité, que d'une injection artificielle d'or, ne résiste pas à l'examen de tous ces chiffres. La Palestine actuelle a cessé depuis longtemps de vivre de la diaspora. La Palestine existante et la diaspora travaillent de concert à la création de la Palestine future : à l'expansion des avoirs juifs dans ce pays. La crise a affaibli les possibilités financières de la diaspora, mais c'est arrivé en même temps que, pour la première fois depuis l'antiquité, ce pays est redevenu celui où coulent le lait et le miel.

---

[20] Ancienne mesure de surface russe valant environ 1,1 ha.

« PLUS BEAU QUE PARIS »

— On dit que Tel Aviv est encore plus beau que Paris.

C'est ce que me disait une jeune étudiante juive en Pologne, qui probablement n'avait pas vu Paris, ni certainement Tel Aviv. Haïfa. Haïfa est une ville merveilleuse. Ce sera le grand port du Levant et restera une ville merveilleuse. L'azur de la baie s'est simplement ourlé d'une étroite et longue ceinture : on a refoulé la mer pour faire place à des jetées, des moles, des quais coulés dans le béton. Sur cette longue surface grise où vont se construire, comme à Gdynia[21], des entrepôts de marchandises et des hangars, circulent en ce moment des wagonnets chargés de ciment pour élargir l'emplacement du futur port. Mais juste derrière lui se trouve la vieille Haïfa arabe, la Haïfa aux ruelles étroites et placettes encadrées de portiques, où des troupeaux de moutons amenés au marché se prélassent au soleil sur des dalles énormes comme celles, de marbre, des parvis de mosquées. Et plus loin a poussé une ville entièrement moderne, en amphithéâtre : la seule et unique muraille de cet amphithéâtre, dont l'arène est l'échancrure circulaire de la baie, est la longue arête du Carmel, couverte d'oliviers et de figuiers de Barbarie. La ville semble monter à l'assaut des hauteurs : elle les envahit de plus en plus, comme les branches d'une plante grimpante enserrant de ses rues leurs pentes, qu'elle recouvrira bientôt de la luxuriante frondaison de ses toits gris et rouges. Mais le Carmel, la montagne d'Elie et des ermites, n'est pas conquise uniquement par le bas : à son sommet, à travers un bois de pins parasol et de cyprès, s'est déjà inséré l'ovale d'une chaussée asphaltée, avec une vue merveilleuse sur la mer au loin, vaporeuse, couleur d'azur. Des villas, de petits pavillons, des sanatoria. Impossible d'imaginer ville plus disparate : en bas, en bordure de mer, les parois métalliques de réservoirs rappellent qu'ici aboutit le gigantesque pipeline par lequel se déversera directement dans les navires le pétrole venu des puits de Mossoul, éloignés de centaines de kilomètres. Tandis qu'en haut se trouvent les quartiers les plus merveilleux de la ville-jardin, quartiers résidentiels aérés. Le commerce, les enseignes, les vitrines, le vacarme, les

---

[21] Port polonais sur la Baltique dont la construction fut décidée après la première guerre mondiale, après que Gdańsk (Dantzig) fut déclarée ville libre par le Traité de Versailles en 1919.

comptoirs, les boutiques — tout cela, au lieu de se disperser à travers Haïfa, s'est concentré en bas, à proximité du port. Vers les hauteurs on grimpe plus lentement, plus nonchalamment. Car dans cette ville pourtant commerciale, d'une insigne importance commerciale, on a confiné le commerce en un seul endroit, fermé.

Mais Tel Aviv...

Quelqu'un en Pologne a écrit que cette ville est en toc. Et c'est le cas. Un journaliste américain dont j'ai fait la connaissance m'a dit qu'il n'aimait pas cette ville. Ville américaine moyenne, de troisième rang, typiquement *made in USA*. Il avait raison. Je leur ai donné raison à tous les deux. Et à d'autres aussi, mais... Mais il y a que cette ville précisément, qui est plus jeune que les jeunes gens étudiant à l'université aujourd'hui, ville dont quelques maisons, les plus anciennes, atteignent l'âge canonique de vingt-six ans, est auréolée comme d'un nimbe, d'une aura qui fait qu'on prononce son nom pour moitié comme celui d'une ville légendaire, merveilleuse, et pour moitié comme parlant d'une « source » dans ce pays à l'eau rare, ou du « soleil » polaire. Et encore d'une autre façon : Tel Aviv, nom d'une ville récente, pas plus grande que Katowice, Przemyśl, Białystok, ville de paisibles maisonnettes bourgeoises, de petites fabriques et de boulevards ombragés, Tel Aviv, ce nom de ville sans passé, prend dans la bouche de ces gens — qu'ils soient Juifs, Arabes ou autres — une sonorité héroïque : Hastings, Tsushima, Jemmapes, Olszynka Grochowska, Radzymin[22]. Lorsque je m'en rendis compte, cette pensée m'amusa quelque peu, mais c'est bien ainsi. On parle de Tel Aviv comme d'une grande bataille, couronnée d'une formidable victoire. Eh oui, c'est bien comme ça. Un pays qui possède une ville unique au monde comme Jérusalem, un pays qui a comme centre portuaire quelque chose d'aussi merveilleux que Haïfa, proprement s'entiche d'une ville dont l'asphalte des rues vient à peine de durcir, et dont la chaux des murs n'est pas encore sèche. Mystère.

Cette ville, dont on prononce le nom comme celui de Kłuszyn[23] chez nous, n'a en soi rien de gigantesque. Les plus longues de ses rues ne sont

---

[22] Les batailles de Olszynka Grochowska et de Radzymin furent livrées victorieusement contre les Russes aux portes de Varsovie, respectivement lors de l'insurrection polonaise en 1831 et de la guerre soviéto-polonaise en 1920.
[23] Autre victoire polonaise, lors de la guerre polono-russe de 1605-1618.

ni assez longues ni assez larges pour que leur vue ne soit pas dissimulée par la frondaison de jeunes arbres. Le nouvel opéra est un bel édifice, mais pas impressionnant. La grande synagogue est encore moins impressionnante que l'opéra. Les syndicats sont logés dans une grande bâtisse, qui du point de vue artistique est digne du palais de Guillaume à Poznań, à part qu'elle est construite pour beaucoup moins cher et donne une impression de théâtre décoré à bon compte. L'hôtel de ville est lui vraiment impressionnant, ainsi qu'une douzaine d'assez grands immeubles, privés quant à eux. C'est une ville de petites maisons, de quelques étages à peine, mais noyées dans les jardins : on n'autorise ici aucune parcelle constructible à être entièrement bâtie. La verdure sépare l'une de l'autre les nouvelles maisons bon marché de Tel Aviv ; il n'est pas rare de voir dans le jardin à la devanture d'une maison du centre-ville du linge étendu en plein air, comme c'était le cas là-bas « au pays », à Kutno, aux Suwałki[24]… A l'intérieur des habitations on trouve encore beaucoup de piètres chromolithographies ou des « gobelins » à motifs bibliques, comme chez nous. Ce sont là des reliques.

Cette ville est un grand bûcher allumé en bord de mer afin que le Juif arrivant y brûle les haillons des ghettos du monde. Ici s'entend encore le jargon[25], ici les Juifs parlent encore entre eux et en polonais, et en russe, et en allemand. Ici encore se rencontrent des Juifs comme chez nous, comme partout dans la diaspora : sales et craintifs, et avec cette expression de tristesse sur le visage quand ils réfléchissent. Ici a lieu la grande quarantaine de la nation après vingt siècles de misère. Il n'est pas de Juif qui, arrivant au pays, ne soit passé par Tel Aviv !

C'est une singulière quarantaine. Au lieu d'être isolé dans des baraquements, on entre ici de plein pied dans la vie. Ici, ce n'est pas vous qui contaminez, mais vous qu'on contamine par le nouveau mode de vie. On ne fait rien d'autre que de se promener et d'observer, avant de commencer à travailler. On voit une ville née beaucoup plus rapidement que bien d'autres villes au monde… Là où se dressent des banques et des cinémas, des cafés, dans la rue de Lord Allenby, qui prit la Palestine à la Turquie, il y avait en 1924 de grandes dunes. Dans la Montefiore, plus tard encore, poussait une rare végétation désertique. En 1909 Tel Aviv devint une ville, la première depuis des milliers d'années, construite et habitée

---

[24] Villes polonaises où la communauté juive était très nombreuse.
[25] Le yiddish, langue vernaculaire des Juifs d'Europe centrale et orientale.

uniquement par des Juifs. Elle avait alors 550 habitants ; les Juifs venant de Jaffa, sa voisine immédiate arabe, déménageaient très lentement dans la nouvelle ville. Mais en 1919 ils étaient 3000 et, à peine trois ans plus tard, il en vint 10 000 de plus. Aujourd'hui la population de la ville a déjà dépassé les 50 000. Et elle augmente.

Meïr vient de Białystok[26]. Qu'était-il donc à Białystok ? Que pouvait-il être ? Il était menuisier. Il est en Palestine depuis huit ans déjà. Cela va-t-il bien pour lui ? Meïr sourit, il sourit presque comme un petit fûté, ce vieux Meïr. Pourquoi cela n'irait-il pas bien pour lui ? Pour qui ici cela ne va-t-il pas bien ? Et que fait le menuisier Meïr ? Ce qu'il fait ? — Mais des voitures !

L'année dernière Nahum Sokołow[27] arrive à Jérusalem. Ce Tel Aviv est formidable, dit-il, quel développement ! L'industrie naît de rien. Cette fabrique de voitures…

Ces messieurs de l'exécutif sioniste se sont pris la tête. Quoi, où, comment ? Une ruelle à côté de la rue Herzl[28]. Ils s'y rendirent. En effet. Un hangar, huit Juifs. Quatre menuisiers, deux tapissiers, un bottier, un ajusteur. Ensemble : une fabrique de carrosserie d'autobus. Les autobus sont le principal moyen de communication en Palestine. Les Juifs ont eu la simple idée d'importer des châssis et des moteurs, et de fabriquer les carrosseries sur place. Ils disposaient d'un tout petit capital, s'endettèrent quelque part, les trois premiers autobus les remirent sur pied.

Qu'étaient avant-guerre les Nalewki[29] ? Des centaines de petites fabriques, implantées dans les cours des maisons, dans les combles, les sous-sols. De menues affaires capitalistiques qui alimentaient en marchandises un grand colosse — la Russie. Aujourd'hui cette Russie n'existe plus, les petites fabriques ont périclité.

Tel Aviv a ses Nalewki : ce sont des Nalewki différentes, car dans la verdure et la propreté, et au soleil. Ce sont des Nalewki d'un autre type de Juif. Mais y travaillent pareillement de minuscules fabriques,

---

[26] Ville du nord-est de la Pologne actuelle.
[27] Président de l'Organisation sioniste mondiale de 1931 à 1935.
[28] Theodor Herzl (1860-1904), fondateur du mouvement sioniste.
[29] Rue de Varsovie, détruite lors de la seconde guerre mondiale, et dont les restes constituent aujourd'hui la rue des Héros du Ghetto.

approvisionnant pareillement le vaste arrière-pays du Levant. Quelque part au loin, à Manchester ou Birmingham, dans les bureaux feutrés des dirigeants de trusts, on suit avec inquiétude dans les rapports des filiales les raisons du reflux de l'expansion commerciale des dreadnoughts[30] de l'industrie britannique. Les Arabes suivraient-ils la trace des Indiens ? Les manœuvres soviétiques saperaient-elles les contacts avec ces marchés ? Ou la crise ?

Ces messieurs les directeurs de consortiums, les stratèges du dumping et de la concurrence, se cassent la tête là-dessus. Ils ont à leur actif quelques dizaines de campagnes, désintégré plus d'adversaires que le pilote d'avion allemand de la grande guerre, le baron de Richthofen[31] n'a abattu d'avions ennemis. Et à présent la terre se dérobe sous les pieds des consortiums, à présent se rabougrit le fier Empire du Levant. Les Nalewki de Tel Aviv se sont révélées un concurrent des trusts. Le bilan annuel commercial de ces pays confirme leurs progrès. Les micro-organismes de ces petites fabriques ont rongé le pied de ces colosses. Le Tel Aviv de Meïr.

Les deux fils de Meïr n'habitent pas Tel Aviv. L'un d'eux travaille en ce moment sur une route près de Tel Haï[32], le second va prendre le premier du mois la direction des travaux de drainage réalisés quelque part dans les hauteurs du pays, sur des terres récemment rachetées. — Les deux travaillent physiquement — dit Meïr. Il le dit comme s'il disait, étant Polonais — « les deux sont dans les Légions[33] ». Ça me rappelle qu'hier je discutais avec un délégué d'un ministère de Pologne, un Juif. Il me racontait que son neveu, qui est à Tel Aviv, travaille, imaginez-vous, monsieur, comme simple ouvrier ! Meïr est artisan, mais c'est avant tout un spéculateur : une espèce de fabricant nalewkien. Meïr parle de ces fils, de leur travail physique, comme s'il faisait comprendre : ma famille est formidable, moi — c'est beaucoup moins bien. Meïr a déboursé pour que ses fils achèvent leurs études, et même l'université. Meïr alors, à Białystok, était content de ses fils et, comme à présent, racontait

---

[30] Cuirassés de gros tonnage de la marine de guerre anglaise.

[31] Manfred von Richthofen, « Le Baron rouge », est le plus célèbre pilote de chasse allemand de la première guerre mondiale, crédité de quatre-vingts victoires confirmées.

[32] En haute Galilée.

[33] Unités composées de soldats volontaires polonais participant à la Grande Guerre aux côtés des différentes puissances belligérantes.

certainement à ses voisins : — Mes fils sont des gens capables. Ils seront docteur, avocat. Ah, ils ne seront pas simples ouvriers !

Meïr est déjà vieux. Les vieux ne changent pas. Et cependant Meïr a oublié ses rêves de Białystok. Meïr parle de cette route, sur laquelle son fils (« monsieur l'avocat ») littéralement casse des cailloux, comme d'une promotion de ce fils au rang de docteur. Les vieux ne changent pas. La nature d'un peuple ne change pas. Deux mille ans ont imprégné les Juifs d'une aversion, d'un mépris du travail physique.

Meïr n'est pas allé construire des routes. Meïr n'est pas allé à la campagne. Meïr est resté en ville. Mais Meïr considère ses fils, ces ouvriers, comme quelque chose de meilleur, socialement meilleur que lui. C'est la meilleure parcelle de lui-même. Je parle avec lui de l'industrie palestinienne. Je dis que j'admire leur sens commercial, que j'aime cette lutte victorieuse de pauvres petits Juifs des Nalewki contre les consortiums et les trusts. Qu'ici grandira le grand centre industriel du plus grand continent du monde. Qu'il fera de l'argent, beaucoup d'argent... Morgan... Rothschild... C'est tout comme...

Meïr arbore un sourire à la fois lumineux et amusant. Comme un enfant sourit à quelque douce promesse. Meïr voit-il derrière mes paroles une voie rothschildienne vers la fortune ? Mais non : Meïr me prend par le poignet de la main, ses yeux se mettent à briller vers quelque chose.

— Vous savez, derrière Beth-Hanan, il y a là-bas un si beau petit pardès. Il ne reste plus qu'à y bâtir une maison...

Un pardès...

Ici on change les buts de ses rêves. Mais il y a aussi une jeune génération intelligente, qui a grandi avec Tel Aviv, dont les parents constituent le patriciat de la ville. Avec le poète Bialik[34] toute une équipe d'intellectuels juifs travaille à la création, au développement de la vie spirituelle en Eretz Israël.

La culture de salon allemande, un peu lourde et sérieuse, est petit à petit dynamitée par le tempérament méridional des gens. Le culte de la musique règne sur la vie en société. Je ne suis pas connaisseur, mais dans la Palestine d'aujourd'hui la musique occupe sans doute la place

---

[34] Haïm Nahman Bialik (1873-1934), originaire de Volhynie (aujourd'hui en Ukraine) et émigré en Palestine en 1921, est un poète de langue hébraïque, considéré comme le poète national d'Israël.

qu'occupait le théâtre dans la Grèce antique, la tauromachie en Espagne, et la fréquentation des salons de thé dans le vieux Vienne. L'intérêt pour la nouvelle littérature hébraïque est aussi fort que pour l'ukrainienne dans les cercles de la jeune intelligentsia de cette nation. Il en va ici de l'extension de l'hébreu. On lui réserve d'ailleurs un plein triomphe. Tout est en hébreu ; le yiddisch est tout bonnement proscrit, aussi proscrit que l'était le polonais du temps des partitions[35]. L'instauration du jargon[36] serait inimaginable, se heurterait à un boycott, et même plus qu'à un boycott. C'est aussi à l'aune de l'hébreu que j'entends mesurer dans ce livre la grandeur de l'œuvre accomplie en Palestine. Songeons seulement que le latin était *encore* une langue vivante quand l'hébreu était déjà une langue morte. Mussolini ressuscite à tout prix la Rome antique en Italie, il a réalisé dans ce domaine une œuvre immense. Mais la résurrection du latin serait considérée là-bas comme une chimère, une impossibilité. La résurrection de l'hébreu est un fait.

« Plus beau que Paris ». Ces paroles me revinrent encore une fois à l'esprit, un soir que je descendais à la plage par la Allenby *street*. C'était un soir de sabbat. Ici tout s'arrête le jour du sabbat, même les autobus. Et le soir on fait la fête. Ce jour-là, c'était doublement la fête. Devant les esplanades des cafés, sur l'asphalte lisse de la chaussée, à la lumière des lampes à arc, les gens dansaient dans la rue.

La joie dans une rue juive de Varsovie, ou ailleurs, revêt pour moi un caractère spasmodique, nerveux, criard, pénible. Ce qu'on appelle « un vrai hajder[37] ». C'était comme s'il n'y avait pas de place dans les maisons, et que tous étaient sortis pour mieux s'amuser, danser un peu sans se sentir à l'étroit. Danser dans la rue était chose si immensément simple, si naturelle, on ne peut plus naturelle. Venant du grand café au coin, dont les murs sont jaunes comme de l'ambre, et qui visiblement s'appelle « Saphir », retentissait une hora[38], une danse dansée par groupes, comme un ballet, comme les danses du monde antique. La hora occupait la rue et la ville jusqu'à la plage avec ses cafés éclairés, ses dancings sous le

---

[35] La Pologne fut partagée entre ses voisins russe, allemand et autrichien de 1772 (premier partage) à 1918.

[36] Cf. la note 25 supra.

[37] « Ecole religieuse juive », par extension « vacarme de cour d'école... »

[38] Danse traditionnelle du folklore des Balkans (cf. le grec χορός), se dansant en cercle ouvert ou fermé.

ciel clouté d'étoiles. Le spasme de la joie juive de la diaspora, le vacarme criard de nos petites villes s'était évanoui, et rythmait ici une immense sérénité. Le Juif qui, dans la ville du monde la plus enjuivée, ne pouvait pas ne pas se sentir étranger, sentait ici qu'il avait tous les droits légaux, pour la première fois, qu'il était *chez lui*. Voilà le secret qui fait que Tel Aviv est pour les Juifs ce qu'il est. Pour ce peuple, c'est la nostalgie d'un foyer qui a bâti Tel Aviv à ce rythme. Il regarde cette ville tout heureux d'avoir assouvi cette nostalgie, tout heureux d'être arrivé au terme de sa pérégrination. Tel Aviv, la ville de la colline du printemps, est plus beau que Paris.

DES JUIFS QUI NE SE PLAISENT PAS EN PALESTINE

Il était midi quand je suis arrivé à Tel Aviv pour la première fois, à quatre heures j'étais chez notre consul, et avant six heures déjà, dans une voiture du consulat, je filais vers les colonies qui déploient leur couronne autour de la ville. En Palestine on sent dès le début ce que j'ai déjà écrit, que la Palestine, la vraie, la nouvelle Palestine, ce ne sont pas des villes, mais la campagne, les pardès, la Samarie, la région des bords du lac de Tibériade, l'Emek[39]. Là tout est différent, à peu près comme le dit monsieur Meïr : « Moi, je ne suis rien, mais mes fils, ceux qui travaillent à la route, eux ce sont vraiment des hommes ». — J'ai saisi au vol l'occasion offerte par le secrétaire du consulat d'accompagner le délégué d'un des ministères polonais à Petah Tikva[40], une célèbre et vieille colonie juive. Mais, outre nous trois, il y avait dans l'auto une dame, jolie, élégante.

La dame élégante vient de Pologne, de Varsovie. Son mari est un éminent médecin ou avocat qui, il y a de cela huit mois, est venu habiter Tel Aviv, « la patrie ». Je pose à l'élégante dame quelques questions, mais très vite je dois me borner à répondre aux siennes. Et Varsovie ? « L'Adria[41] » ? « Le Banda[42] » ? Pas possible, alors Ordonka[43] vient vraiment ici ? Je suis une lectrice assidue des « Nouvelles littéraires[44] » ! Ainsi vous connaissez Grydzewski[45] ? Mais pas Krzywicka[46] ? Vous auriez peut-être quelques livres polonais ? La dernière chose qui soit

---

[39] Terme hébreu signifiant « la vallée, les basses terres, le sol, la plaine ».

[40] Aujourd'hui ville importante située dans la banlieue est de Tel Aviv.

[41] Restaurant et cabaret, réputé à l'époque le plus sélect de Varsovie, fréquenté par les cercles dirigeants et l'élite polonaise.

[42] Théâtre de Varsovie.

[43] Pseudonyme de Hanka Ordonówka (1902-1950), chanteuse, danseuse, célèbre actrice polonaise de l'Entre-deux-guerres. Elle effectua de nombreuses tournées au Proche-Orient, notamment à Beyrouth, Damas, Jérusalem, Tel Aviv.

[44] Hebdomadaire socio-culturel de l'intelligentsia polonaise, de tendance démocrate-libérale, publié dans les années 1924-1939.

[45] Mieczysław Grydzewski (1894-1970), historien, journaliste, chroniqueur, d'origine juive, est le fondateur et rédacteur en chef des « Nouvelles littéraires ».

[46] Irena Krzywicka (1899-1994) est une écrivaine polonaise d'origine juive, publiciste et traductrice de belles-lettres. Militante féministe et sociale, elle résida en France à partir de 1965. Elle popularisa en Pologne l'œuvre de Proust.

parvenue jusqu'à moi est *Jalousie et médecine*[47].

L'hiver prochain l'élégante dame viendra en Pologne. Comment était le carnaval ici ? Oui, on vous a bien raconté, il était magnifique. C'est un spectacle très curieux, une joie si générale, ces cris, ces danses ! Un spectacle très amusant. Une fois j'ai dansé avec un Arabe — oh, c'était un Arabe très bien, un Arabe très chic. Mais Varsovie...

L'auto roulait sur la chaussée asphaltée couleur bleu gris, comme si elle glissait sur la glace. Nous avions laissé depuis longtemps derrière nous les faubourgs de la ville. Des deux côtés, symétriquement plantés, poussaient des orangers : arbustes de deux mètres de haut au tronc mince, à la dense frondaison vert sombre. C'était comme une mer de verdure, comme des fourrés impénétrables, comme une brousse. Çà et là le toit d'une maison rougissait au-dessus d'un bosquet. La route finit par s'enfiler entre une haie de cyprès et pénétrer dans la bourgade.

— Qu'est-ce que c'est ? — demanda la dame.

— Petah Tikva.

— Ah, c'est donc ça Petah Tikva ??

La question ne venait pas du délégué du ministère, ni de moi-même, mais de l'élégante dame de Tel Aviv, une Juive. De quoi vraiment nous étonner. Petah Tikva est tellement proche de Tel Aviv qu'il est carrément impossible de ne pas la connaître, de même qu'à Varsovie il est difficile d'ignorer Wilanów[48], et à Wilno[49] les Werki ou les Troki. Et mieux encore, car cette colonie a derrière elle toute une légende d'efforts héroïques, de travaux, de luttes, légende dont les derniers chapitres ont été écrits par les émeutes arabes de 1928... C'est ma première journée à Tel Aviv, et déjà je file vers cette Petah Tikva, dont j'ignorais tout il y a encore une semaine. Mais je suis Polonais à cent pour cent. La dame élégante, elle, habite ici depuis huit mois. La dame élégante est une Juive. La dame élégante sort de Tel Aviv aujourd'hui pour la première fois. Elle en parle avec l'indifférence de quelqu'un qui n'aurait absolument rien à faire de ce qui se passe ici.

Notre étonnement est cependant trop voyant, et il lui faut bien dire

---

[47] Roman de Michał Choromański (1904-1972) publié en 1933.

[48] Arrondissement de Varsovie, connu pour son palais et ses jardins.

[49] Aujourd'hui Vilnius, capitale de la Lituanie ; les Werki (Verkiai) sont un ancien arrondissement de la ville devenu autonome, les Troki (Trakai) une petite ville à une trentaine de kilomètres à l'ouest de Vilnius.

quelque chose, s'expliquer. La dame déclare donc que peu de choses en vérité la relient à tout ça. Elle n'est pas sioniste, oh non, et ne cautionne pas du tout le fait de « se raccrocher à une nationalité donnée ». Elle se sent Européenne, oui c'est ça, Européenne. Varsovie, elle aime tant Varsovie, notre Varsovie ! Ici, non seulement tout est comme entièrement neuf, mais aussi tellement strict, tellement contraignant. Monsieur, le croirez-vous, ici avec ce sabbat je ne peux rien me procurer le samedi ! Rien de rien. Le soir on annonce le jour férié au son des trompettes. Comme dans ces petites bourgades crasseuses de chez nous. En Pologne, voyons, je peux tout me procurer, le samedi comme le dimanche. Ici — rien.

Nous déambulons dans la colonie, tandis que le délégué s'acquitte de ses importantes tâches ministérielles à l'intérieur du grand hôtel de ville de Petah Tikva. Du marché, encombré de pas mal de détritus, aux allures provinciales, nous descendons dans une allée aux nombreuses petites maisons enserrées de plantes grimpantes. Devant les maisons, au lieu de roses trémières, des cocotiers de petite taille et des orangers. La dame élégante continue à babiller. Elle ne voudrait jamais habiter ici, cette villa avec véranda a beau être jolie, ces gens riches, mais ça reste malgré tout un trou perdu. Cette colonie de huit mille habitants peut certes faire la nique aux Arabes, mais tout de même… Et cette torpeur… Et ce manque de vie, de notre vie européenne…

Et elle dit franchement qu'elle ne comprend pas. Elle ne comprend pas ces jeunes gens diplômés de l'université qui sont allés se coltiner des routes en Galilée, elle ne comprend pas des gens qui ont « enterré » toute leur jeunesse dans un collectif (« comment ça s'appelle déjà ? Ah oui, un kibboutz ? Vous êtes déjà au courant ? »), un kibboutz au bord du Jourdain, alors qu'ils n'étaient pas obligés ! Après, un tel kibboutznik, un jeune garçon, a vite trois enfants. Eh oui, monsieur, c'est comme ça… On peut appeler ça de l'héroïsme, ça peut être curieux pour un journaliste, sans cela il y aurait toujours des sables ici… Mais en fin de compte, serait-ce une catastrophe s'il en était ainsi ?

Tu te trompes complètement, Lecteur, si tu penses que c'était une femme du type *précieuse*[50], une femme à la cervelle d'oiseau, une poupée. Pas du tout. C'était simplement une personne adepte d'une vie rationnelle, d'une vie qui en vaut la peine, une vie optimisant les gains

---

[50] En français dans le texte.

matériels à moindres coûts matériels. C'était une dame imprégnée d'un prosaïque rationalisme bourgeois. Je ne dis cela ni avec mépris, ni avec emphase. L'opinion de cette dame ne serait pas éloignée de celle de personnes très cultivées. Des gens qui sont allés se coltiner des routes et assécher des marais, alors qu'ils pouvaient vivre du capital de papa, récupérer une belle dot auprès d'une femme pas vilaine, qui en fin de compte pouvaient s'enrichir, quitte à trimer pendant leur jeunesse, ces gens auraient même étonné, s'il avait daigné les remarquer, le noble et très distingué *arbiter elegentiarum*[51] Pétrone.

▓▓▓▓▓▓

J'ai rencontré à Tel Aviv un jeune et timide docteur, qui avait pris le « Dacia » — évidemment pas en quatrième, mais en deuxième classe. Je lui demandai ce qu'il avait déjà vu. Il s'avéra que, malgré un séjour d'une semaine, il avait vu très peu de choses, uniquement Tel Aviv. Il m'expliqua pourquoi : il n'était pas venu ici en touriste, mais pour s'établir, exercer, gagner de l'argent…

Il se sentait très hésitant et intimidé. Plus : il se sentait perdu, étranger. Ça ne se passait pas bien, apparemment, pour sa recherche de travail. Pour couvrir les besoins de ce petit pays de la taille de la région de Wilno, la Palestine dispose peut-être de peu d'ouvriers mais, en revanche, de suffisamment d'intellectuels en activité (pas sur des routes). Eux ne trouveront pas de travail aussi facilement que des maçons. L'université de Jérusalem certes ne fonctionne — au sens pratique de ce terme (càd pour produire de jeunes juristes, médecins, philologues etc.) — pour l'instant qu'avec une seule faculté de médecine, mais l'afflux de jeunes diplômés couvre très facilement les besoins relativement modestes du pays. Je consolais le docteur en lui disant qu'il trouverait sous peu un emploi. Plus jeune que lui, il me fallait le consoler ! Je ne savais plus très bien quoi lui dire à la fin.

— Allons, vous êtes dans votre patrie, votre pays — lui dis-je.

Le petit docteur me regarda, puis parla longuement. Justement, il n'est pas « au pays ». Il n'a jamais eu la nostalgie de la Palestine. Il ne

---

[51] « Arbitre des élégances » en latin.

reconnaît pas les patries. Certes, quand il s'agit d'un lopin de terre sur lequel on est né, où l'on connaît tout le monde, où l'on habite depuis longtemps. Mais un pays lointain, vaste — non. Il ne considère pas que ce soit bien ou mal. On peut en revanche aimer une religion ou une classe. (Je n'ai pas retiré l'impression que le docteur eût l'amour de l'une ou de l'autre). Dans la ville de Petite-Pologne[52] où il avait commencé à exercer, ça n'allait pas bien pour lui. Saturation. Il est venu ici. — Vous ne croirez pas, monsieur, combien je me sens ici affreusement, affreusement étranger.

Il a étudié à Lwów[53]. Il y a eu des émeutes antisémites. Les étudiants avaient constitué une haie et, bousculant les Juifs, les battaient. Mon docteur a crié : — Je ne suis pas un Juif, je me considère comme Polonais. — Quelqu'un lui asséna un coup de matraque d'autant plus fort sur la tête. Ses collègues juifs avaient entendu ce cri. Il y en avait parmi eux de semblables à lui qui le lancèrent fièrement dans la foule que son matraquage avait mise en joie. Mais ces collègues — il les connaît — eux *croyaient* en ce cri. Lui — n'y croyait pas. A Berlin il eût crié : — Je suis un Allemand. — Cela vous étonne, évidemment, et vous prenez cela pour de l'opportunisme ? Tant pis ! vous n'avez jamais été, monsieur, dans la peau d'un homme que l'on bat à cause du sang coulant dans ses artères !

Depuis ce jour — poursuivait-il — il se fit comme un fossé entre ses collègues juifs et lui-même. Les assimilationnistes[54] savaient qu'il ne croyait pas en ce cri. Les sionistes ne l'en méprisaient que davantage. Visiblement il ne fit pas bon ménage avec ses semblables. Aujourd'hui il est en Palestine. Etre en Palestine, voilà le rêve de milliers de ces halutzim de Pologne, Roumanie, du monde entier. Lui y est. Et il y est étranger.

Voyez-vous, je peux me permettre d'être sincère. Vous êtes un étranger, vous allez faire un petit tour et vous en irez. Vous comprenez que l'idée d'aimer une quelconque patrie peut vous être étrangère, de même qu'on peut ne pas aimer la religion. De ce que j'avais entendu de la Palestine, j'avais compris que ça bougeait beaucoup là-bas. On construit, on laboure des friches, on assèche des marais, on travaille, on se démène,

---

[52] Région de Cracovie.
[53] Lviv, actuellement en Ukraine.
[54] Partisans de l'intégration et de la disparition de tout particularisme culturel chez les minorités d'un pays.

on n'a pas le temps de vous interroger sur ce que vous pouvez bien penser ou ne pas penser. Et en tout cas, pas sur vos origines. Ici, monsieur, on se dispute et on se concurrence, mais, malgré tout, on pense la même chose. Moi, je ne pense pas du tout comme eux. Faire semblant ? Difficile, — et j'en serais incapable. Pour l'instant j'en suis incapable.

Nous discutâmes ainsi très longtemps. Il disait qu'il règne ici une invisible dictature du sionisme. Qu'on éradiquait le jargon, qu'ici on détruirait les presses de la rédaction d'un journal en jargon, que pendant les fêtes juives, selon la religion, on ne peut pas manger de pain, mais uniquement de la matza[55], une boulangerie progressiste avait mis du pain en vitrine, les ouvriers (« Vous rendez-vous compte ? des ouvriers, qui sont pourtant des socialistes ! ») ont démoli l'étalage et la foule a brûlé ce pain dans la rue, comme étant une provocation. Oui, monsieur. Ici aussi il y a une dictature, comme en Italie, comme en Russie.

Le docteur s'interrompit et dit :

— La dictature est l'enfance de toute idée.

Je dis :

— A une seule exception peut-être : le christianisme.

Le docteur réfléchit à nouveau et rétorqua :

— Oui. Dans les religions, les dictatures correspondent à la période de jeunesse.

Ces deux-là, je les vois toujours ensemble. Ce sont les seules personnes mécontentes que j'aie rencontrées sur ma route en Palestine. Et j'ai fait en sorte d'en rencontrer des tas. Il semble que tous les mécontents, où qu'ils soient en Palestine, sont précisément des personnes de ce type… Pour se sentir bien en Palestine, pour s'y trouver vraiment comme dans un paradis sur terre (j'en ai vu), il faut non seulement, comme l'exigent les règlements d'émigration, être en possession d'un certificat de sortie ou d'un capital de 1000 livres, ou sinon entrer comme touriste et — rester, mais il faut encore, il faut tout simplement, le plus naturellement du monde, être imprégné de l'idée sioniste.

---

[55] Pain azyme.

C'est très clair et très simple. S'il n'y avait pas cette idée, ce pays, ni plus ni moins, n'existerait pas du tout. Le mieux et la seule façon de faire comprendre cela est de prendre un exemple : s'il n'y avait pas l'idée d'indépendance de la Pologne, Varsovie existerait et des gens y vivraient. S'il n'y avait pas chez les Juifs le sionisme, le mot d'ordre du retour sur la terre des ancêtres, il n'y aurait pas non plus de Tel Aviv, et pas seulement Tel Aviv, mais il n'y aurait ni Petah Tikva, ni Rishon[56], ni Magdiel[57], ni tout l'Emek Israël, ces riches et pittoresques colonies, mais uniquement des sables, des marais, de la malaria. Et c'est justement parce qu'ici il n'y a encore pratiquement rien né du lucre, qu'en tout cas domine ici ce qui est né de l'idée, c'est pour cela donc que cette idée a réellement une telle omniprésence, à l'instar du biblique Jéhovah d'Israël se manifestant derrière toute action de son peuple.

Peut-être cela changera-t-il un jour. Le courant de la vie a affouillé des idées encore plus grandes. Pour l'instant ce n'est pas le cas. On peut se rendre en Palestine sans argent. Moïse Schamroth avait cent lei pour tout viatique, càd littéralement cinq zlotys. Mais même si l'organisation ne s'était pas occupée de lui, il serait parti « construire » à Haïfa et aurait eu l'esprit tranquille. Le petit docteur et l'élégante dame n'ont pas de soucis d'argent. Mais ils ont des préoccupations encore plus graves. Je pense que ces deux-là vont se faire miner par la Palestine. En m'y rendant, jamais je n'ai imaginé qu'un soir, flânant sur les boulevards de Tel Aviv, moi, Polonais, un étranger, j'entendrais un Juif m'avouer qu'il se sentait si affreusement étranger dans cette Palestine. Juifs non-sionistes, Juifs qui n'avez pas la nostalgie de la Terre Promise, n'émigrez pas en Palestine !

---

[56] Ville de la banlieue sud-est de Tel Aviv, fondée en 1882 par un groupe sioniste originaire de Kharkov (Ukraine).

[57] Colonie intégrée à la ville de Hod Hasharon, située dans la banlieue nord-est de Tel Aviv.

LA MARCHE D'ISRAËL

Quand un groupuscule de quelque quinze premiers immigrants fonda en 1882 la première colonie de Palestine, il n'y avait à l'époque pratiquement aucune structure organisationnelle au sein du mouvement de retour sur la terre des ancêtres. La dizaine d'années qui suivit, ce furent de vrais travaux de Sisyphe pour subsister dans les exploitations agricoles. Les Arabes, les autorités turques, un climat adverse, la malaria et la misère, s'entremêlent dans tous les récits de l'époque. Plusieurs dizaines d'années après, les colonies sont florissantes, opulentes, et pourtant jusqu'à ce jour les publications officielles de ce peuple, qui ne fait pas partie des plus modestes, n'hésitent pas à constater qu'il fut un temps où seule la force d'un homme a sauvé l'œuvre sioniste d'un inéluctable effondrement. C'est sa figure, et non celle de Herzl[58], que l'on met à la toute première place de ces publications. Les socialistes palestiniens prononcent avec respect ses nom, prénom et titre : baron Edmond de Rothschild[59].

Les colonies végétaient à l'époque, peu nombreuses, dépourvues d'argent et d'hommes. La malaria décourageait tout le monde : des générations entières mouraient. Pour éradiquer la malaria, il fallait assécher les marais, planter dessus des eucalyptus pour absorber l'humidité. On avait besoin non seulement d'hommes, mais aussi de capital. — Rothschild apporta le capital. — Il fut la première vague d'un large afflux d'or, d'or de grands capitalistes-philanthropes pareils à lui, d'or de millions de petits dons venant de foyers juifs du monde entier. Avec lui, également, débuta véritablement l'organisation.

En 1901 il transmet son œuvre palestinienne et le fonds qui lui est inhérent à la JCA (Jewish Colonisation Association, aujourd'hui la PJCA — Palestine Jewish Colonisation Association), qui a fondé en Basse Galilée Kfar Tabor, Yavnéel, Sedjera[60] et deux autres colonies. En tant que grand fonds d'acquisition de terres auprès des Arabes, elle travaille aux côtés d'une autre institution, le célèbre colosse financier Keren

---

[58] Cf. la note 28 supra.

[59] Banquier, philanthrope, collectionneur et mécène français, né en 1845 et mort en 1934, un des soutiens les plus actifs du mouvement sioniste à partir de 1882.

[60] Nom arabe de la commune de Ilania.

Kayemeth Leisrael — le Fonds National Juif. Lequel rachète des terres pour son propre compte et naissent ainsi, parallèlement au fruit des capitaux de Rothschild, les colonies de Ben-Shemen, Houlda, Kinneret, Degania Alfa, Merhavia.

Après la guerre[61], une troisième institution rejoint ce tandem : en avril 1921 se met en place le Keren Hayessod, le Fonds d'Equipement. Alors que les deux autres ont pour mission *l'achat* de terres pour les transmettre aux colons, cette dernière ne s'occupe plus de cela, n'ayant qu'un seul objectif : la fourniture aux colons d'outils, d'équipements. Plus généralement, elle a d'ailleurs pour but de « développer les besoins économiques et culturels de la Palestine », intervenant littéralement dans tous les domaines de la vie.

La mise en place de ces organisations aux capitaux multimillionnaires était indispensable à la Palestine. Il faut aller voir sur place pour se rendre compte à quel point leur existence conditionnait tout progrès. La Palestine est un cas classique de pays où seule l'association du capital et des hommes est véritablement capable de réaliser de grandes choses. La Palestine est un cas classique de pays où l'on investit à fonds perdu : on ne peut acquérir la terre autrement qu'en l'achetant par pans entiers, par latifundia complets ; s'établir seuls au milieu d'Arabes serait folie pour des Juifs. Chez nous on achète la terre et on la laboure immédiatement après. En Palestine il est quasiment impossible de mettre en culture un dounam de terre sans aménagement hydraulique préalable : ainsi par exemple les terres achetées avec l'argent du Keren Kayemeth ont dû faire l'objet de travaux hydrauliques pour les deux tiers de leur superficie. Ces travaux renversent tout cul par-dessus tête : certaines terres doivent être asséchées, d'autres irriguées. Les agriculteurs seront les plus à même de comprendre le problème si cette tâche incombait à des petits colons — de comprendre l'importance pour le colon-halutz d'avoir, avançant devant lui tel un tank devant le soldat allant à l'attaque, deux machines comme la PJCA et le Keren Kayemeth pour lui conquérir (le plus littéralement, bien que le plus pacifiquement du monde) le terrain, pendant que leur auxiliaire le Keren Hayessod le dote de bâtiments, d'engins et de cheptel.

C'est ainsi qu'Israël a accompli sa nouvelle marche : en partant de la mer. A trente et quelques kilomètres plus ou moins au sud de Jaffa commence une zone densément colonisée. C'est la région la plus riche de

---

[61] La première guerre mondiale.

Palestine, celle des pardès ; c'est aussi la région des colons privés. Elle contourne Tel Aviv et grimpe vers le haut — passant par Petah Tikva, Herzliya, en direction de la Syrie, aujourd'hui française. Là, des lopins de terre acquis non plus par des capitaux privés mais par le Fonds National, le Keren Kayemeth, se font de plus en plus fréquents. A partir du Wadi al-Hawarit[62] s'étend un vaste latifundium de 43 000 dounams[63] du Keret Kayemeth. Aux abords de la riche Hadera se développe un groupe de colonies à capitaux privés ; mais déjà un peu plus loin on retrouve le pays de la PJCA. Enfin, autour d'Haïfa voisinent des terres privées et du Keren, qui a racheté ici les terres entre Haïfa et Acre, lesquelles ont, en raison de la construction du port d'Haïfa, un grand avenir. Ici s'achève la marche depuis la mer.

Mais en même temps, de son flanc nord, le plus montagneux, descend en direction du sud-est une énorme bande de terre, une des plus importantes parties de la Nouvelle Palestine, la Vallée d'Israël, de 164 000 dounams. L'Emek Israël va jusqu'à la vallée du Jourdain, où un peu au nord existent de vieilles colonies rothschildiennes et kayemethiennes, au bord du lac Tibériade et plus haut ; ce sont là les grands avant-postes, les plus lointains d'Israël, ses îles. Une série d'établissements plus modestes descendent au sud de Tel Aviv en direction de Jérusalem. C'est avec cette formation que la colonisation juive s'enfonce dans les profondeurs de la Palestine.

Combien tout cela a-t-il coûté ? Il est difficile de l'estimer aujourd'hui, même du seul point de vue financier. En laissant de côté la très puissante colonisation privée, il nous faut sommer les coûts d'acquisition et d'aménagement des terres du Keren Kayemeth et du Keren Hayessod — 2 004 733 + 669 547 livres sterling. On ne tiendra pas compte non plus d'autres organisations, telles que l'organisme de santé Hadassah, qui a mis un million et demi de livres dans le pays, ainsi que des bénéfices des fondations rothschildiennes, en raison de la diversité de leurs placements et de la longueur du temps écoulé. Les statistiques anglaises, malgré leur excellence, ne donnent pas une image exhaustive et certaine des sommes qui ont été investies ici. Par ailleurs, la Palestine (qui sans conteste est un excellent placement aujourd'hui) s'efforce — à très juste titre

---

[62] A proximité du Nahal Alexander, petite rivière qui se jette dans la Méditerranée au nord de Netanya.
[63] Soit environ 4 300 ha.

— de présenter ses atouts sous un jour encore plus favorable. Je préfère donc ne pas parler d'une chose que je n'ai pu approfondir personnellement avec toute la précision requise — et qui, comme tout dans un pays se développant à vue d'œil, sera dépassée dans quelques mois.

FOURNISSEURS D'HOMMES ET FOURNISSEURS D'ARGENT

Dès avant mon départ pour la Palestine j'avais été informé que la Pologne disposait dans ce pays de très importants débouchés pour ses produits. Il est étonnant que nos tissus de Bielsko[64] concurrencent là-bas, sérieusement et très efficacement, les tissus anglais. C'est la même chose en ce qui concerne les produits de Łódź et de Białystok : un Juif arrivant de Pologne, et même de Russie (aujourd'hui l'émigration de Russie, interdite par l'URSS, fait partie du passé, mais elle a été importante il y a dix ans), ne connaît pas les textiles anglais, mais connaît en revanche les nôtres et s'y est accoutumé. De leur bonne renommée peut témoigner également le fait qu'une fabrique de tissus récemment installée à Tel Aviv porte le nom plutôt non hébreu de « Lodzia ». Il y a des tentatives d'élargir notre palette d'exportations. Comme d'habitude, et c'est toujours le cas aujourd'hui, notre préférée l'industrie prend le pas sur l'agriculture : l'importance de celle-ci en tant que véritable pilier de l'économie nationale commence seulement à bénéficier d'une opinion un peu plus raisonnable. On m'a très sérieusement assuré que le bois et les pommes de terre (rends-toi compte, région de Wilno !) pourraient avoir ici un beau débouché. Le plus probable c'est qu'une fois de plus nous allons finir par fourrer aux mains des Palestiniens demandeurs de pommes de terre un mémoire ad hoc leur recommandant de planter les pommes de terre chez eux et d'importer des engrais chimiques, et nos dirigeants seront très étonnés de voir ces Palestiniens donner suite à la première partie du mémoire, à savoir ne pas acheter de pommes de terre, mais oublier, ces gredins, la seconde — et importer les engrais du Chili, et non de Chorzów[65]. Indépendamment de tout cela, la Pologne ainsi que les autres pays à forte densité de population juive interviennent en tant que — si l'on nous passe cette métaphore commerciale — exportateurs de deux « denrées » : des hommes et de l'argent.

---

[64] Ville de Silésie à la frontière tchèque, devenue Bielsko-Biala en 1951 ; elle possédait une forte communauté juive et l'industrie textile s'y était fortement développée à partir du début du 19ème siècle.

[65] Ville industrielle du bassin houiller de Silésie, possédant aujourd'hui encore une usine d'engrais azotés fondée en 1916.

Presque tous les pays du monde se divisent, aux yeux de la Palestine en fournisseurs d'hommes et fournisseurs d'argent. Effectivement, les uns sont de typiques exportateurs de matériau humain, les autres de capitaux. Mais, bien sûr, aucun pays ne fournit que des colons seuls ou de l'argent seul. Ces deux ingrédients sont déversés et répartis sur le pays de façon planifiée, sous la houlette des grandes organisations de colonisation.

La Pologne est typiquement un pays-fournisseur d'hommes, et les Etats-Unis typiquement un fournisseur d'argent.

On parle souvent de l'antagonisme des intérêts polono-juifs. Ce n'est pas le but de ce livre ni de son auteur de se lancer dans une longue, ou même courte, discussion sur ces thèmes. Je pense cependant que même l'antisémite le plus convaincu de la nocivité des Juifs pour la Pologne ne contestera pas que, s'agissant de la question palestinienne, cet antagonisme n'a pas lieu d'être. Dans la mesure où l'on suppose que l'élément juif est indésirable chez nous, il convient à coup sûr d'accueillir avec satisfaction le fait que ce soit précisément la Pologne qui, de tous les pays de la diaspora, fournisse *le plus fort* contingent en émigrés, et le plus faible en capital, rapporté à son émigration.

Au cours de toutes ces douze années de fonctionnement normal du mandat palestinien les émigrants polonais représentent le groupe le plus important au sein de l'ensemble de l'émigration mondiale juive vers la Palestine. En pourcentage cela correspond à 39,8 %, et en nombre à plus de 50 000 personnes. Ce n'est pas beaucoup si nous considérons la masse tri-millionnaire de Juifs vivant en Pologne, mais c'est beaucoup en considération de la superficie de la Palestine, et du fait que l'émigration juive transite par les filtres très peu perméables des autorités anglaises. En tout cas ce n'est pas du tout *quantité négligeable*[66], surtout à une époque où le chômage au sein du prolétariat et de la jeune intelligentsia se fait ressentir d'une façon si prégnante au pays. Ce ne l'est pas non plus si l'on a à l'esprit que ce qui émigre de chez nous ce sont essentiellement de jeunes gens, pauvres, des halutzim, n'amenant, dans la plupart des cas, guère plus que leur ardeur juvénile et leurs bras pour travailler en Palestine.

En revanche, s'agissant de la sortie de capitaux, nous rétrogradons de la première à la cinquième place parmi les pays du monde. Seule la

---

[66] En français dans le texte.

Roumanie est derrière nous, puis des pays où le pourcentage de Juifs est minime : la Tchéquie, la Hollande. On souligne souvent chez nous la richesse de la masse tri-millionnaire de Juifs polonais. Or cette masse tri-millionnaire, au sein de laquelle les influences sionistes sont sans aucun doute indéniables, a envoyé depuis 1919 en Palestine, au titre des collectes pour le Keren Hayessod, 217 999 livres sterling. Cela correspond à environ 6 976 048 de nos zlotys. Pour une rentrée sur une période de 11 ans maximum (cette statistique date de 1931) ce ne sont manifestement pas là de grandes sommes. A ces collectes vient s'ajouter évidemment le capital privé emmené par les émigrants, qu'on ne peut chiffrer par manque de données. Les chiffres ici rapportés n'en fournissent pas moins une certaine illustration de la situation. Les Etats-Unis, où la population juive n'est pas très inférieure à celle de Pologne, ont envoyé en Palestine, pendant la même période, vingt-trois-et-demi fois moins de gens que la Pologne, et onze fois plus d'argent.

Voilà comment se présente la réalité des choses, avec les immanquables blagues affirmant que pour un Juif arrivant de Pologne en Palestine deux autres en reviennent dare-dare. Voilà aussi ce qu'il en est de cette légende des milliards qu'année après année la Palestine pomperait à la Pologne. Le simple export de nos produits vers ce pays où, sans implantation sioniste, de nouveaux débouchés n'auraient jamais existé, dépasse de loin ces « milliards ».

Le Keren Kayemeth et le Keren Hayessod, au cours de leurs longues années de fonctionnement dans un pays relativement minuscule, très pauvre mais, comme nous le voyons aujourd'hui, aux grandes possibilités, ont toujours fait passer les objectifs non commerciaux avant les calculs commerciaux ; il en est résulté que, aux côtés du capital privé, s'est constitué un capital socio-philanthropique au rôle si énorme rapporté au contexte local, qu'il est sans commune mesure avec le rôle joué par toute autre organisation philanthropique mondiale œuvrant au sein de sociétés et pays de civilisation développée.

Ce capital philanthropique avait un énorme avantage sur le capital privé existant (ou plutôt n'existant pas) ici : les colonies privées se sont développées à partir de ses subventions et prêts. Aujourd'hui, cependant, la Palestine possède une superficie conséquente de terres colonisées par les Juifs, dont l'existence ne dépend pas d'un soutien extérieur. La Palestine des halutzim et des collectifs possède à ses côtés une Palestine de colonies anciennes. Le mieux est peut-être de les examiner.

LA MALARIA ET LES MILLIONS

X., dont je suis l'invité dans l'une des colonies juives les plus anciennes, Petah Tikva dont on a déjà parlé, appartient sans aucun doute à la catégorie des colons privés juifs les plus riches. Il s'est installé ici déjà avant-guerre, au moment où une assez importante vague colonisatrice venant de Russie, liée aux pogroms et à l'antisémitisme, l'a poussé à émigrer. Il parle abondamment des dures années de la guerre, des attaques arabes, au cours desquelles a péri son fils adolescent. Il est moins loquace pour aborder ce qui précisément m'intéresse le plus, à savoir comment cela se passe ici maintenant. C'était déjà la même chose hier à Rehovot, la même chose à Ness Ziona. C'est plus ou moins la même chose dans pratiquement toutes les colonies privées. Ces gens-là savent que si dans le monde on présente la Palestine comme un pays sans crise, cela revient à parler d'eux comme de richards dans ce pays. Et ils ne sont guère enclins à s'étendre sur leur prospérité.

Les abords de Petah Tikva sont encore occupés par de petites maisons : la maison de mon colon est, elle, une grande villa. Il n'a pratiquement aucun jardin, pas même de potager. En revanche, les arbustes orangers buttent littéralement contre un des murs de la maison. Le colon X. possède en tout quatre cents dounams de pardès. Aux conditions polonaises cela représente un modeste domaine fermier de quarante hectares ; le propriétaire n'a plus d'enfants scolarisés en secondaire. Un dounam, à condition bien sûr d'être en culture et productif depuis des années, coûte ici jusqu'à cent cinquante livres. Le domaine du colon vaut par conséquent soixante mille livres, soit plus de deux millions de nos zlotys.

Mon propriétaire demande avec insistance de ne rien écrire à son sujet, s'efforçant de me donner le moins de renseignements possible, et pourtant ! Il raconte que son fils a étudié à l'école polytechnique de Berlin, que sa fille est rentrée il y a peu de temps d'études en Occident… Elle parle effectivement très bien le français. Nous visitons le champ voisin. — Un joli pardès — dis-je. Mon propriétaire dit qu'il est à vendre, et ajoute : — Bah, que va-t-il en tirer, le pauvre, c'est à peine soixante-dix dounams, quelque douze mille livres… Quelque douze mille livres ! Depuis des années en Pologne, même le plus riche propriétaire terrien

« ordynat »[67] ne parle plus d'une pareille somme avec un tel détachement ... Ensuite il demande le prix de la terre en Volhynie[68]... Je suis incapable de le renseigner avec précision, mais nous arrivons très vite à la conclusion qu'il aurait de quoi s'acheter une paire de milliers de beaux arpents de terre.

Le Juif est agréablement amusé, il fait le compte et trouve qu'il serait en Pologne « l'égal d'un seigneur comme le comte Potocki ». Malheureusement il ne se rappelle plus bien quel domaine des Potocki ukrainiens il a présentement à l'esprit. Puis, après réflexion, il se ravise : « Tout de même pas ». Me rappelant la condition de nos propriétaires terriens, je l'ai assuré qu'il serait encore plus. Visiblement il avait perdu tout contact avec la Volhynie depuis longtemps, car il prit cela pour une mauvaise plaisanterie.

C'est là un type très intéressant de colon, de colon d'il y a une quinzaine d'années, qui a déjà réussi. Un type voisin certainement de celui des anciens colonisateurs d'Amérique, qui ont été marqués par la mentalité et les difficultés des premières années, et la richesse des dernières. Ce sont avant tout des gens économes de nature. La jeune génération dépense déjà beaucoup, a des besoins proches de la jeunesse aisée occidentale. Eux — non. Il y a en eux une certaine satisfaction, celle de gens qui peuvent réellement se dire qu'ils partirent pour une pure idée dans ce pays de sables, défiant toute raison, et qu'aujourd'hui il s'est avéré qu'ils ont agi mille fois plus intelligemment que leurs parents et connaissances d'Ukraine soviétique. Mais il y a aussi en eux une certaine rudesse. Sur chaque pardès travaillent une quinzaine, parfois plusieurs dizaines d'ouvriers ; s'occuper de quelques centaines d'arbustes, qu'il faut butter, irriguer, tailler, relève davantage du jardinage que de la culture. Et dans ce domaine il y eut de dures confrontations. A côté de la jeune main-d'œuvre juive, les halutzim qui ne devaient se mettre à leur compte que plus tard, apparurent les Arabes aux exigences très modestes. Aussi, au sein des colons de la vieille génération, se manifesta une tendance à

---

[67] Assujetti à des dispositions juridiques autorisant la transmission de biens inaliénables et indivisibles à un seul héritier (*ordynat*), en général le fils aîné d'une famille (majorat). En France ces dispositions furent supprimées par le Code Napoléon en 1807, en Pologne elles perdurèrent jusqu'au milieu du 20ème siècle.

[68] Région historique d'Europe orientale, partagée de 1921 à 1939 entre la Pologne et la République soviétique d'Ukraine, et présentement partie de l'Ukraine indépendante.

utiliser la main-d'œuvre arabe. Mais cela s'avéra intenable à la longue ;
la puissance de l'opinion publique sioniste en Palestine se mit à liquider
ce genre de situation, qui eût automatiquement freiné à l'avenir tout nouvel afflux de masses juives dans le pays. En revanche, une nouvelle tendance se fit jour : la baisse du salaire de l'ouvrier juif. Au moment où
j'étais à Petah Tikva, c'est justement sur ce fond — selon certains sur un
autre encore — qu'avait éclaté une grève des ouvriers.

Les histoires prétendant que ce seraient les Arabes qui travailleraient
dans les colonies juives, les Juifs n'étant que de riches propriétaires, sont
cependant des fables. Je me suis rendu dans toutes les colonies de
quelque importance, j'ai parcouru le pays en autobus, automobile, à pied,
j'ai visité très consciencieusement les exploitations d'une quinzaine de
colons. La main-d'œuvre y est, et cela très majoritairement, juive. La
main-d'œuvre arabe est omniprésente, mais surtout en limite du territoire
juif. On a généralement un certain mélange des deux. Il en va de même
pour les travaux en ville.

Le soir le colon X. se fit dissert au sujet de l'ancien temps. Mes origines ukrainiennes, des confins[69], constituaient comme un motif de rapprochement. Le colon racontait l'histoire de Petah Tikva. C'était la toute
première colonie établie en Palestine. Dès 1878 huit personnes arrivèrent
ici. Petah Tikva — la Porte de l'Espoir — ainsi fut appelée cette colonie
installée sur une hauteur désertique. Il n'y avait rien ici. A un kilomètre,
les ruines crénelées d'un château de croisés ou de Sarrasins, Ras el Ein,
plus loin un village arabe sur les ruines de l'antique Antipatris, où Saint
Paul fut emprisonné du temps des Romains, et où au Moyen-Age se trouvait la capitale d'un des comtés féodaux des croisés. Des ruines. Et partout plus bas — des marais. De vastes marais, porteurs de malaria. On
craignait d'être attaqués par les Arabes. Mais les Arabes n'attaquèrent
pas. Ils se présentèrent, examinèrent les tentes. En partant, ils avaient
déjà trouvé un nom pour les arrivants. *Wlat el din* — les enfants de la

---

[69] L'Ukraine était traditionnellement considérée en Pologne comme « le pays
des confins » ; c'est d'ailleurs l'étymologie de ce nom.

mort. Une quinzaine de mois plus tard, sur la hauteur nommée Porte de l'Espoir, il n'y avait plus personne. De petites tombes élevées de pierres s'alignaient au soleil. La malaria.

Mais Petah Tikva continuait à vivre dans la pensée des colons. Deux ans plus tard, ils arrivèrent ici en plus grand nombre. Ils s'installèrent. Cette fois les Arabes furent moins pacifiques. Il fallut les combattre. Personne ne se rendait aux champs seul et sans arme. La nuit on montait la garde auprès de feux. Le jour on asséchait les marais. On les asséchait fébrilement, en hâte. La malaria dressa de nouvelles petites tombes sur les lieux des anciennes, qu'on avait oubliées. La malaria — et encore une autre maladie, connue aujourd'hui uniquement d'après ces vieilles histoires.

La malaria vainquit encore cette fois. Les enfants moururent les premiers. Puis commencèrent à mourir les femmes, les plus faibles, puis les hommes. Pour finir il ne resta que deux personnes sur place. Ils y demeurèrent encore longtemps. Mais ils n'asséchaient plus les marais, étant trop faibles. Ils ne faisaient qu'attendre, écrivant des courriers à Jaffa pour réclamer de nouveaux colons. Comme on réclame des renforts sur le front. Ils attendirent bien plus longtemps que sur le front en pareilles circonstances, mais ils n'en attendirent pas moins vainement. Le dernier survivant quitta la Porte de l'Espoir à pied, quelque part vers 1886...

C'est alors que, peu après, une vague de pogroms russes rejeta en Palestine toute une masse de Juifs. A Jérusalem, on leur parla de Petah Tikva. Des Juifs acceptèrent la proposition. On leur dit qu'il y avait la malaria, qu'il y avait déjà eu deux essais de colonisation. Des gens qui avaient échappé aux pogroms russes ne furent apparemment pas effrayés par la malaria. Ils partirent. Il parait qu'alors même que certains commençaient à monter les tentes, les autres évacuaient déjà à l'aide de tranchées l'eau marécageuse vers Ras el Ein.

La lutte contre les marais dura plusieurs années. On ignorait au départ si la troisième Petah Tikva ne succomberait pas elle aussi. Les enfants mouraient comme précédemment. Les Arabes regardaient avec indifférence ces drôles de gens se précipitant sur des marécages déserts, sur lesquels le soir se déploie « le blanc linceul de la Mort ». Mais les Juifs russes étaient une race rude, résistante. Ils ne mouraient pas. Ils firent encore venir de nouveaux compatriotes, qui n'avaient pas trouvé de place ailleurs. Les marécages se retiraient, toujours plus loin. Ensuite on commença à planter des orangers. Comme ennemies des colons, il ne restait plus que les attaques arabes. Le soir de petites lumières rouges dans la nature, sur les dunes de sable rouge à pardès, aux abords d'Antipatris, à Ras el Ein, dessinaient la ligne de démarcation des anciennes implantations regardant avec hostilité le nouvel intrus, qui entretemps grandissait, avec ses maisons blanches et ses jeunes arbres verts.

Petah Tikva était conquise.

Cela m'était raconté par quelqu'un qui n'avait absolument aucun don de conteur. Je l'écoutais parler d'un peuple qui m'était pour le moins étranger, lointain par son histoire, sa religion, sa politique, sa race, qu'un étrange accident du destin avait mêlé aux courants de l'histoire de mon pays. La direction de cette colonie m'avait, le matin même, réservé un accueil froid. Je m'étais habitué à voir ces gens sous des éclairages divers. Nous venions de monter au marché de Petah Tikva pour attendre l'autobus qui nous ramènerait à Tel Aviv. Le travail dans les champs était terminé, il y avait plein de monde en ville. Absolument rien ne rappelait cette période-là, cette période d'antan. Il semblait même étrange que tout cela ne fût pas quelque mauvais rêve de colons. Et pourtant j'avais vraiment le sentiment que doit probablement éprouver un archéologue tombant sur un fragment préservé, oublié, d'une épopée ignorée du monde.

L'HISTADROUT HAOVDIM

Sur le mur de la maison d'en face, à la blancheur éclairée par le soleil de midi, se dessine crûment la silhouette de quelques palmiers.

— *Социалистическое строительство. Подготовка. Движение. Коллективные хозяйства. Борьба класс. Вопрос. Трудящийся мир*[70].

Tous ces vocables de la Russie bolchevique s'abattent comme des coups de hachoir, durs, étrangers, austères. Le jeune homme assis au bureau gesticule comme un orateur, s'abreuvant de chaque son. Dans ma tête, que je tiens inclinée sur mon carnet de notes de journaliste, il me vient que si le latin est devenu la langue des savants, le français la langue du monde féodal et bourgeois, ce nouveau langage russe est en train de devenir, sinon la langue, du moins le vocabulaire international du monde socialiste et de ses élites. Deux Polonais, un journaliste letton, un militant de gauche roumain, un Américain ayant séjourné en Russie, tous nous écoutons l'exposé sur la construction de la Palestine socialiste, nouvel Etat à venir, au régime socialiste. Notre informateur détaille devant nous tous les rouages de cette Palestine si peu connue. Ce n'est pas un petit conspirateur communiste apeuré qui parle, craignant de se faire coffrer par la police quand un « inspecteur » de Mińsk va découvrir que dans la caisse du parti il manque depuis le mois de mai quelques milliers de zlotys « utilisés à des fins privées », ce n'est pas un individu grincheux qui parle, chassé de sa petite sinécure à la Caisse Maladie, ni un jeune homme au snobisme de komsomol[71], sûr de soi, car ayant tout son communisme assuré à cent pour cent par son appartenance à une organisation dévouée corps et âme à l'Etat. Au travers de cet homme s'exprime la joie de la création concrète, à laquelle il croit, de la création maintenant et tout-de-suite, dans ses paroles palpite la conscience de parler *ex cathedra*[72] d'une grande puissance dans ce pays, au pouvoir redoutable et béni : l'Organisation des Travailleurs de la Palestine, désignée couramment par les deux premiers termes de son appellation : l'Histadrout Haovdim.

---

[70] « Construction socialiste. Préparation. Mouvement. Exploitations collectives. Question. Monde du travail. » en russe.
[71] Nom donné aux jeunesses communistes en URSS.
[72] « du haut de la chaire » en latin.

Sur les deux-cent mille Juifs habitant la Palestine, il y a quarante-cinq mille ouvriers. Un quart de la population de ce pays est une population ouvrière. Sur ces quarante-cinq mille — il y en a trente-sept mille affiliés à l'Histadrout. Mais l'Histadrout n'est pas seulement une organisation syndicale. L'Histadrout s'est développée en un système organisationnel très curieux, un système rappelant énormément… les méthodes des trusts américains. De même que là-bas un trust rachète les portefeuilles d'actions de compagnies plus petites et, y exerçant *de facto* le pouvoir, leur laisse une autonomie nominale, veillant seulement à ce qu'elles aillent dans le sens de ses intérêts, ainsi l'Histadrout ici, soit a formé des organisations qui lui sont subordonnées et collaborent avec elle, soit a pris le pouvoir dans celles qui lui étaient apparentées. Aux côtés de l'Histadrout s'est développée une certaine « Touva », importante coopérative laitière et avicole, qui a concentré entre ses mains tout le commerce de ces produits, a partagé purement et simplement le pays en circonscriptions, districts, avec son siège central à Tel Aviv. Elle s'est développée aujourd'hui à l'international, avec des produits tels que le miel, les légumes, les confitures, etc. Son chiffre d'affaires en 1924 était de vingt-deux mille livres. Il y a deux ans, il avait atteint cent quarante-sept mille.

Aux mains de l'Histadrout on trouve encore la Banque des Travailleurs, au capital de cent dix mille livres, des organismes éducatifs et culturels, une Caisse Maladie, un département pour la construction de logements ouvriers, la grande organisation sportive Hapoël, on trouve — ayant paraît-il le plus grand tirage (à l'Histadrout on m'a donné le chiffre quotidien de douze mille, et au siège du journal dix mille) — en tout cas le très populaire organe de presse palestinien « Davar ». Aux mains de l'Histadrout on trouve, sous une forme ou une autre, peu importe, toute une série d'institutions et d'organisations, avec tout un réseau de succursales disposant d'effectifs qualifiés et de grands moyens financiers. L'Histadrout est bel et bien un géant. Les colons privés doivent compter avec elle et elle impacte beaucoup leur activité. Elle régule tout bonnement l'allocation de travailleurs à des endroits donnés, organise les grèves avec une précision dépourvue d'états d'âme et toujours alliée à une très habile stratégie : ces gens ne vont jamais lancer une grève avec des « coûte que coûte », « on va voir ce qu'on va voir », grève condamnée à l'échec, car provoquée par la pure fantaisie politique de messieurs les dirigeants. Chez nous, le concept de « grève » a une connotation polémique, révolutionnaire, et même quelque part héroïque. Pour ces gens, c'est un moyen tout à fait prosaïque, pratique, technique. Aujourd'hui, alors que le socialisme lui aussi est indubitablement en crise (je n'entre évidemment pas dans la discussion de savoir si elle est passagère, ou si elle est survenue pour telle ou telle raison, je considère des faits tels que la victoire du fascisme, l'étrange démission de la malheureuse socialdémocratie allemande devant Hitler, la situation en Autriche, en Pologne, le retournement de Mac Donald[73], le krach australien[74]), le socialisme palestinien vit peut-être la fin de son apogée, mais même ceux qui sont de cet avis ne peuvent contester qu'il a su, avec de très modestes moyens, se procurer une position très importante et qu'il a usé de cette position au bénéfice des masses travailleuses palestiniennes. On peut ne pas croire en sa solution pour résoudre la question arabe, mais on ne peut nier que c'est une solution de grande envergure, qu'elle est réellement mise en œuvre, et que donc le parti, en quelque sorte, prend en charge un problème embrassant par son importance non plus uniquement des intérêts de classe, mais l'intérêt général de la nation. Pour finir il faut reconnaître que dans le règlement de ses rapports avec les riches colons, il fait montre d'une grande compréhension pour les avantages que ce pays tire de la possession d'une riche agriculture. Le socialisme palestinien est un socialisme à cent pour cent : il mène de grandes réformes, édifie un pays au sens plein du terme, est radical, crée des communes agricoles. Et pourtant... Et pourtant, s'agissant du sauvetage de notre agriculture, je ne souhaiterais pas pour celle-ci de gouvernement différent, s'inspirant du socialisme palestinien.

Sur l'emblème de l'organisation sportive socialiste figurent la faucille et le marteau. Ce ne sont pas là, que je sache, des accessoires d'un quelconque sport. La faucille et le marteau — cela ressemble pour le moins à une mode légèrement soviétique. Un des immeubles de l'Histadrout à Tel Aviv s'appelle « la maison rouge ». Cela non plus n'est pas très « à droite ». Les sportifs socialistes ne jouent pas du tout contre le Maccabi, car le Maccabi est un club bourgeois et il va de soi que le prolétariat ne peut avoir avec eux de rapports sociaux d'aucune sorte. Ces communes

---

[73] Premier ministre d'union nationale de 1931 à 1935 pendant la Grande Dépression, Ramsay MacDonald fut exclu du Parti Travailliste anglais en 1931 et dut prendre des mesures sociales impopulaires.

[74] En Australie, la crise de 1931-1932 opposa le travailliste Jack Lang, premier ministre de Nouvelles-Galles du Sud au gouvernement fédéral de James Scullin. Il fut démis de ses fonctions en 1932 par le gouverneur Philip Game.

agricoles, qu'on appelle partout des kibboutzim et des kvoutzas d'après l'hébreu, sont appelées ici par mon interlocuteur socialiste russophone des collectifs. Il souligne que les enfants, dès leur premier jour, sont séparés de leur mère et transférés dans une maison à part, qu'ils sont élevés « collectivement », qu'ils appartiennent au collectif, et non à leurs parents. Il souligne — sans cesser de me regarder, toujours avec cette force d'expression socialiste, toujours comme un prêtre prêchant un grand dogme religieux — que dans les kibboutzim tout est en commun — jusqu'aux vêtements. Jusqu'aux vêtements.

Le socialisme...

Nous nous trouvons dans une autre pièce, mais ici aussi on entend parler russe. De nouveau de façon rapide, ramassée, dure. De nouveau cela ne s'accorde pas avec la chaude douceur du jardin semi tropical que l'on aperçoit par les fenêtres...

Pour les quarante-cinq mille travailleurs palestiniens, les travailleurs arabes intégrant l'Histadrout, les futures masses du prolétariat juif que les Anglais laisseront entrer en Terre d'Israël — l'Histadrout leur construit un toit au-dessus de la tête, édifie des quartiers socialistes, ouvriers, des cités, des maisons... !

A savoir :

— Jusqu'en 1931 on a construit des logements pour trois mille familles...

(Penché sur mon carnet de notes, j'inscris. J'inscris rapidement, en sténo, sans avoir le temps de réfléchir... Mais soudain quelque chose me fait sursauter) :

— ... familles ??

— *Да, фамилий*[75] — répond l'informateur. — *фамилий*.

(Il s'étonne de ma question. N'aurais-je pas entendu ? Si. J'ai bien entendu. Pourquoi donc ce mot tout simple, commun, de « famille », a-t-il retenti au milieu de ces autres mots soviétiques comme si je m'étais trompé, l'ayant mal compris... ?)

Et j'entends :

— ... dans la seule année 1931, des maisons pour sept mille *familles* ont été édifiées. Tout cela sur les terres du Keren Kayemeth...

(Non, ça en devient risible. Ce mot de « famille » m'a de nouveau

---

[75] « Oui, des familles » en russe.

étonné. Et mon informateur l'a même prononcé d'une façon semblant moins sûre).

— … nous en construisons de trois types :

1) Des blocs — cent vingt logements, essentiellement : cuisine, deux pièces, un balcon, une salle de bains. Et aussi des logements plus grands. Tous des coopératives.

2) Cette fois non plus en ville, mais en périphérie. Des maisons autonomes, de petits pavillons individuels, avec jardin, quatre-cents mètres carrés.

3) A trois kilomètres de la ville. Des maisons avec un jardin plus grand, de mille à deux mille mètres carrés. Là aussi, des pavillons, indépendants, pour une famille.

4) Des maisons collectives : chaque famille a une pièce, les enfants habitent ensemble, séparés des parents, cuisine commune, vêtements en commun…

Mon informateur s'interrompt. Je pose une question :

— Quel type de maisons construit-on le plus ?

La réponse ne se fait pas attendre : on en construit le moins du quatrième type. Actuellement il n'en existe qu'un seul exemplaire, à Ramath Rachel, pour quatre-vingts familles. A Haïfa il doit s'en construire pour cent cinquante. *Celles qu'on construit le plus sont du deuxième et troisième type.* Ni plus ni moins que tout un arrondissement à Tel-Aviv, un ensemble à Jérusalem, un ensemble complet à Haïfa. Dans une localité comme Chehouvath Borochov, par exemple, deux cents familles déjà habitent dans ces pavillons, et bientôt il en viendra cent quarante…

Ah, c'est donc ainsi ?

Et soudain, instantanément, tout bascule. Avec ce seul « Ah, c'est donc ainsi ? ». Si auparavant ces messieurs de l'Histadrout Haovdim m'ont enseveli comme sous une grêle de balles avec tout ce vocabulaire et cette phraséologie révolutionnaires — à présent toute cette offensive se replie, et c'est moi qui, pour ainsi dire, passe à l'attaque.

Bien que celle-ci se dissimule sous des questions, des réflexions, des marques d'intérêt.

— Et donc, comme vous me le dites, messieurs, des quatre types de constructions ouvrières de l'Histadrout, le moins pratiqué est le quatrième ??

(Non. Je ne me trompe nullement. Mon interlocuteur rouge a *lui aussi* ressenti cette question comme une attaque. Quelque part, tout son bagout, le tac au tac, l'aisance de ses réponses en ont pris un coup).

— Oui — répond-il — effectivement.

— Et par contre — je souligne ce « par contre » — les types les plus construits par vous — je souligne ce « par vous » — sont le deuxième et le troisième ??

— Oui. C'est ça.

Dans ces constats se concentre toute l'impuissance de celui qui, il y a un instant encore, me bombardait d'une pleine brassée d'arguments qui à présent lui tombent tous des mains. Il est trop fort pour se rattraper et nier.

Et maintenant, d'une « tranquille estocade » :

— Si j'ai bien compris les précieuses informations que vous avez bien voulu me donner, ce « quatrième type » délaissé, c'est de l'habitat en commun, ignorant le concept de logement familial individuel, à l'origine des collectifs, là où les enfants et les vêtements, la cuisine, la salle à manger sont à disposition de tous, où chacun (chacune) dispose uniquement d'une pièce, voire d'une place. Tandis que les types deux et trois — ce sont des maisons individuelles, pour une famille, complètement indépendantes, et même possédant leur propre jardin et constituant une parfaite propriété privée. Quelque chose comme des villas pour ouvriers.

Il faut s'immerger dans l'atmosphère marxiste qui règne ici pour comprendre combien recèle d'amusante, mais réelle, provocation la juxtaposition de ces innocents vocables : « villas pour ouvriers ».

Mais même à présent mon interlocuteur ne conteste pas. Il ne peut contester.

Et maintenant le coup de grâce :

— L'Histadrout Haovdim, l'Organisation Ouvrière Palestinienne, édifie un nouvel ordre socialiste. Pas vrai ? Construire de l'habitat collectif revient évidemment moins cher que de bâtir des ensembles entiers de petits pavillons. L'habitat collectif — pour autant que ma connaissance du socialisme ne me trompe pas — est une œuvre plus progressiste, plus en phase avec le futur régime collectif — que des pavillons privés, individuels, ce rêve bien connu de nos petits fonctionnaires, instituteurs, et autres semblables — dans le monde. Mais vous, messieurs, puissante organisation socialiste, au lieu de guider les masses laborieuses vers le régime socialiste, vous les guidez vers cet idéal de vie pratique qu'est le monde du petit capitalisme. De ces masses, messieurs, que vous pouvez diriger à volonté compte tenu de vos moyens, vous faites tout bonnement un monde de petits-bourgeois, si vilipendé par le marxisme.

Ce raisonnement s'abat avec force, énormément de force, sur mes informateurs de l'Histadrout. Il faut être socialiste pour comprendre avec quelle force. Effectivement. — Une organisation socialiste, l'une des plus puissantes au monde, qui travaille à rapprocher les idéaux de vie du prolétariat de ceux de la petite-bourgeoisie ! Pourquoi dès lors cette comédie consistant pour l'équipe de football de l'Hapoël à ne pas jouer contre celle du Maccabi, parce que le Maccabi est une association sportive bourgeoise, et l'Hapoël une association prolétarienne, et qu'entretenir des relations avec le Maccabi serait trahir sa propre classe, effacer les différences entre la bourgeoisie et le prolétariat, immémoriales et dogmatiques différences qu'il convient absolument de préserver ? A quoi bon si, dans un secteur mille fois plus important qu'un terrain de sport, on propose au prolétariat une vie semblable à celle de la bourgeoisie, qu'on en fait un possédant au lieu qu'il ne dépossède les autres, qu'on le rapproche d'un petit fonctionnaire, d'un médecin de district, d'un commis, d'un boutiquier. Et dire que tout cela n'est fait et patronné par personne d'autre qu'une organisation socialiste, ouvrière !

— Alors, messieurs… ?

Ce sera ma dernière question. C'est comme le dernier coup tiré dans cette discussion, qui s'est déroulée par le biais de seules questions, sans jamais dégénérer en attaques frontales. Je ne m'attends pas non plus à entendre de nouvel argument, authentique, concret. Un tel argument n'existe pas. Mais je m'attends à entendre un subterfuge classique, comme c'est si souvent le cas. Que la construction d'un vaste immeuble collectif ne revient pas du tout moins cher que quelques dizaines de pavillons… Qu'un ouvrier possédant sa propre maison ne s'éloigne pas du tout des idéaux marxistes… Qu'il ne pue pas pour autant la bourgeoisie… — Je m'attends, je compte sur ces subterfuges, ce verrouillage, cette dérobade face à cet évident accroc à la doctrine en laquelle on croit.

Il n'y a plus, devant moi, d'individu parlant vite pour parvenir en une brève réponse à extirper de soi tout l'arsenal de ses arguments. Devant moi, il n'y a plus d'individu assis et pérorant, jouissant du plaisir de broyer son auditoire non-socialiste au moyen de toute la rouge beauté[76] de la terminologie soviétique. Mais dans ce désarroi de l'individu sortant désarmé de sa tranchée il y a quelque chose qui fait que, soudainement, mon sourire ironique, déjà prêt, s'estompe.

---

[76] Jeu de mots entre les termes russes *красота* (beauté) et *краснота* (rougeur), phonétiquement proches.

Cet homme dit :

— Monsieur. *Nos ouvriers veulent habiter ainsi.* Nous, nous considérons qu'ils ont tort. *Nous, nous considérons que ces idéaux s'opposent au socialisme. Mais notre devoir, plus encore que d'édifier un régime socialiste, est de faire le bonheur du prolétariat.* Le bonheur, chacun le conçoit à sa façon. Et donc nous leur bâtissons, comme vous l'avez dit, des villas pour ouvriers.

Dans la bouche qui parlait de « collectif » comme un prisonnier parle de « liberté », le mot « villa » prend une morne tonalité. Pour un socialiste idéaliste, reconnaître non seulement que les ouvriers eux-mêmes rêvent d'un tel bonheur bourgeois, mais encore qu'une organisation *socialiste* leur facilite cela, sonne comme une capitulation. Et c'est bien une capitulation, à cent pour cent. Je sens que c'est ainsi que le comprend cet homme. Et qu'il pense : bon sang ! ils nous ont vaincus.

Mais moi je ne pense pas du tout ainsi. Pas du tout, pas du tout. Pour la première fois au cours de mes discussions avec l'Histadrout je suis vraiment vaincu. Vaincu en tant qu'individu capable de traiter le socialisme en journaliste loyal, mais qui, en tant qu'individu — bien que foncièrement, oui foncièrement, non « capitaliste » — a horreur de l'encasernement tchékiste[77] de la société, quelqu'un qui en a vu plus de la Russie soviétique que d'autres n'en ont lu. Je suis vaincu, bien que mon interlocuteur ne s'attende pas le moins du monde qu'il en soit ainsi.

Nous nous levons. Il faut partir et le dire :

— Merci beaucoup, monsieur, encore une fois. Ce que j'ai entendu et ce que j'ai vu est pour moi impressionnant. Concernant le socialisme, j'ai de la sympathie, mais aussi des réserves. Que cet aveu soit d'autant plus significatif pour vous, messieurs, si tant est qu'il puisse l'être.

Le socialiste semblait perplexe.

— Et vous savez pourquoi ? Ce n'est pas seulement parce que vous avez tant accompli, sans législation sociale comme dans les autres pays, sans l'aide d'un gouvernement de gauche comme ailleurs. C'est parce que, en tant que non-socialiste, je constate que vous réalisez vraiment le bonheur d'une masse de quarante-cinq mille ouvriers. Vraiment et envers et contre tout. Y compris, si nécessaire — contre votre propre doctrine.

---

[77] Allusion à la Tchéka, police politique créée en 1917 par le régime bolchevique, renommée Guépéou en 1922, puis absorbée par le NKVD en 1934.

PIERRES LANCEES PAR DIEU CONTRE UN REMPART[78]

L'autobus palestinien couvert de poussière nous lâcha dans une agglomération de bric et de broc, de quelques dizaines de maisons et baraques, dans une plaine steppique, bien qu'enserrée entre deux bandes montagneuses. « La ville » doit rappeler les relais du temps des diligences. Elle n'en est pas moins déjà une ville, ce sera la troisième ville nouvelle de Palestine : à Afula en effet se croisent les routes de Tel Aviv à Haïfa et de Haïfa à la vallée du Jourdain, à la centrale électrique de Rutenberg. Et enfin Afula est le point central de l'Emek Israël. La vallée de Jezréel, large vallée avec quelques dizaines de grandes implantations agricoles, descendant d'Haïfa vers le Jourdain, ne possède pas de ville. Afula grandira à partir de cet arrière-pays qui a grandi avant elle, de même que Tel Aviv a grandi à partir des colonies de pardès qui l'environnaient.

Ce ne sont là que choses à venir, et avant qu'elles ne viennent, nous marchons sur une route à travers-champs, où l'on ne voit pas, comme aux abords de Jaffa, de bouquets d'orangers, mais seulement des blés, verts et de petite taille, plus petite que chez nous. Mon compagnon s'en réjouit, comme nous nous réjouirions de vignobles en Pologne, comme les gens d'ici se réjouissent de chaque maison construite, de chaque arbre planté sur un marais, de chaque kilomètre de route mis en service. Si là-bas autour de Jaffa se trouvait la richesse de la Palestine, ici se trouve son grenier. Mon compagnon est un jeune Juif de Pologne, ancien instituteur d'école primaire dans un certain Różan, et s'appelle Leïb Buchner. Depuis des années il est inscrit au parti de la gauche radicale Hachomer Hatzaïr[79], et travaille depuis quelques mois dans un kibboutz près de Hadera. Il ne connaissait pas encore l'Emek. Nous nous sommes donc mis en route ensemble, afin de parcourir à pied en quelques jours de

---

[78] Référence à un fragment du poème « Mon testament » du poète romantique et patriote polonais Juliusz Słowacki (1809-1849) :
  « Et quand il le faut, ils vont à la mort les uns après les autres,
  Comme des pierres lancées par Dieu contre un rempart »
[79] Mouvement de jeunesse sioniste de gauche, fondé en 1913 en Autriche, possédant une branche française créée en 1933 par de jeunes Juifs d'origine tunisienne et polonaise.

randonnée ces quelques dizaines de kilomètres au pays des collectifs, jusqu'au Jourdain, jusqu'aux collectifs agricoles juifs les plus anciens, au bord du lac de Tibériade. Et regarder.

randonnée ces quelques dizaines de kilomètres au pays des collectifs, jusqu'au Jourdain, jusqu'aux collectifs agricoles juifs les plus anciens, au bord du lac de Tibériade. Et regarder.

Lorsque nous avons pénétré dans la grande cour du kibboutz de Merhavia, il pouvait être quatre heures de l'après-midi et presque tout le monde était encore aux champs. Le rectangle de la cour est fermé sur trois côtés par des bâtiments. Devant nous, trois maisons d'habitation aux jolis volets verts sur fond de murs jaunes. A notre gauche, de grandes bâtisses de ferme, anciennes et même quelque peu délabrées. Derrière nous, la troisième rangée de bâtiments comprenant une cuisine, un cellier, un grand réfectoire, des commodités. Vu d'ici, tout rappelait une ferme de domaine assez cossu en Pologne. Seule, au milieu de la cour, une grande tour posée sur quatre piliers de béton avec un réservoir d'eau au sommet, donnait une impression mi citadine, mi exotique.

Mais entretemps un jeune ouvrier se présenta et Buchner lui demanda si Meïr Ya'ari[80] était là. Ya'ari, je le savais déjà, était la fierté de Merhavia. Merhavia fait partie des quelques kibboutzim qui sont aux mains — disons sous l'influence — de ce parti de gauche Hachomer Hatzaïr. Ya'ari est l'un de ses guides spirituels et travaille ici. Mais il n'est pas encore rentré ; cette semaine il s'occupe des chevaux et rentrera des champs peut-être dans une heure. L'ouvrier, déjà disponible quant à lui, nous guide. Il montre la grande étable en béton, avec ses râteliers disposés de façon moderne. Les vaches sont d'une race locale, la race damascène, croisée avec la hollandaise. Quarante-cinq vaches procurent à Merhavia environ cinq cents litres de lait chaque jour. On le transforme sur place en fromages et beurre, de même que le lait de plusieurs centaines de brebis. La laiterie et la fromagerie ne donnent pas l'impression d'être particulièrement modernes, mais sont en revanche très propres, tout ça a

---

[80] Meyer Wald, alias Meïr Ya'ari (1897-1987) est originaire de Galicie, province de l'empire austro-hongrois avant la Grande Guerre. Il émigre dans les années 1920 en Palestine, où il participe à la fondation du syndicat de l'Histadrout et devient à partir de 1924 le Secrétaire Général de l'Hachomer Hatzaïr.

l'air plutôt robuste et pas tape-à-l'œil. Nous visitons ensuite quelques grands poulaillers avec couveuses. Ils sont aménagés — pour autant que je puisse en juger — de façon réellement exemplaire. A côté, quelques autres en construction. L'élevage laitier et volailler, m'expliquent de concert Buchner et notre ouvrier, constituent la branche la plus lucrative de l'exploitation. Il y aura bientôt jusqu'à mille trois-cents poules. Compte tenu de l'essor urbain, l'élevage laitier et volailler sera toujours bénéficiaire.

Nous étions déjà près des maisons d'habitation, ayant fait le tour du propriétaire, quand nous rencontrâmes Meïr. Il se lavait et se changeait, comme le font ici tous les membres du kibboutz quand ils rentrent des champs le soir. C'était un homme corpulent, bâti comme un auroch, paraissant beaucoup plus âgé que d'autres ouvriers rencontrés lors de notre tour de Merhavia, qui avaient probablement moins d'une vingtaine d'années. Il faisait penser à un militant ouvrier du Bassin[81], manifestement sorti du rang et non pas un blanc-bec d'intellectuel. J'étais curieux de connaître cet homme, curieux d'entendre cet individu faisant office de valet d'écurie, ce membre du « parlement » des Juifs de Palestine, dont j'avais beaucoup entendu parler, guide demeurant dans ce bled de Merhavia. Mais Meïr, dès qu'il eut ouvert la bouche, ce fut pour m'informer que sur ses 2625 dounams, Merhavia en possède plus de 2200 de labours, 80 d'un pardès récent, à peu près l'équivalent, pas moins, de jeune vignoble, de vergers, de jardin potager.

Nous nous étions rapprochés de ce réservoir d'eau se dressant au milieu de la cour. Meïr expliquait qu'il fallait faire venir cette eau de loin, que le réservoir faisait office de puits, que, malgré tout, le manque d'eau pour irriguer les champs se faisait durement ressentir au kibboutz. Puis il expliqua qu'il y a bientôt huit ans de cela il était arrivé ici de Rzeszów[82] avec l'embryon du kibboutz actuel. Qu'ils avaient travaillé sur les routes et en ville, ainsi qu'à la campagne chez des colons privés, qu'après l'échec de la Merhavia fondée par une coopérative on leur avait remis la colonie déjà dotée des bâtiments et d'une partie de son matériel. Mais ils avaient acheté le reste de leurs propres deniers. Meïr me montre les tracteurs, don du Keren Hayessod, et un grand « combine », une moissonneuse-batteuse américaine ; elle a coûté mille huit-cents dollars, et après

---

[81] Bassin minier de Silésie ?
[82] Ville du sud-est de la Pologne actuelle.

deux ans elle avait déjà rapporté presque les deux-tiers de cette somme. C'est une machine formidable, peu de kibboutzim plus récents et moins riches n'en possèdent d'aussi bonne. Merhavia avait moins dépensé pour la construction des maisons et des bâtiments, et grâce à cela elle avait pu se le permettre. L'investissement du Keren Hayessod s'est élevé à 7362 livres sterling. Ce qui correspond à environ huit-cents zlotys d'investissement en matériel par hectare de terre.

Ces deux-cent-soixante hectares font vivre cinquante-six adultes et une quinzaine d'enfants. Nous sommes à présent chez eux. Des chambres d'enfant claires, de petits lits blancs, de petits meubles. Au-dessus de chacun d'eux se penche une mère ; le travail est maintenant terminé et quand le travail est terminé tous les parents viennent rendre visite à leurs enfants. Une chose me frappe énormément : le type de ces enfants. Ils ont presque tous de petites tignasses blondes couleur de lin et des yeux bleus de slaves. On pourrait facilement les prendre pour des enfants allemands, du nord, du Mecklembourg ou de Prusse. Métamorphose des plus étranges. En même temps, observant les parents penchés sur leurs rejetons, je remarque qu'eux aussi sont décidément différents physiquement du type des Juifs de la diaspora. Il y a peut-être là l'effet du hâle, du travail physique, du changement de climat. Quoi qu'il en soit, ces gens ont énormément changé depuis le moment où ils ont quitté les parages de Tarnów, Rzeszów et Jasło[83].

Les pièces, de dimension moyenne, sont inondées par les derniers rayons du soleil couchant. Elles sont très propres. Elles sont accueillantes. Des fleurs aux fenêtres, à côté des lits des canapés avec quantité de coussins « de salon » brodés. Des photographies. Le plus souvent des photographies d'enfants. Une telle pièce constitue un logement. Chaque famille (par « famille » on entend ici un couple marié) possède une pièce de ce type. Les « célibataires » (ils sont peu nombreux) logent à deux ou trois par pièce.

Tout au bout, au coin de la dernière maison, un vieux Juif est assis sur une banquette. Il parle mieux le polonais que l'hébreu. Buchner m'explique : dans de nombreux kibboutzim déjà opérationnels, on a fait venir de Pologne ses vieux parents. Ils sont là à demeure, nourris gracieusement. Celui-là en est un. Nous entrons dans son habitation, la vieille

---

[83] Tarnów et Jasło sont également des villes de Petite-Pologne, au sud-est de la Pologne actuelle.

Juive nous demande des nouvelles de Tłumacz et Trembowla[84]. Comme quasiment tous à Merhavia, elle aussi vient de Petite-Pologne. Dans la chambre de ces deux vieux dont les enfants sont revenus en Terre Promise, se dresse un chandelier liturgique en fer blanc à sept branches...

Il faisait déjà sombre lorsque nous passâmes au réfectoire et nous installâmes à table sur des bancs longeant les murs. On servit un plat de poisson au goût sucré, une soupe épaisse très chaude, un rôti avec une grande quantité de légumes et d'olives. Les habitants du kibboutz prirent place à nos côtés. Ce qui frappait surtout, une fois de plus, c'était que tous avaient l'air jeune. Très peu nombreux étaient ceux à qui on pouvait donner plus de trente ans. A l'exception peut-être du seul Ya'ari. En même temps, on ne pouvait cependant dire, même des plus jeunes, qu'ils avaient l'air de ce que l'on qualifie chez nous du terme, peut-être peu distingué mais approprié, de morveux. Tous venaient de recevoir (c'était la veille du sabbat le soir) des vêtements propres venant du vestiaire commun.

Nous en étions encore au thé lorsque débuta le *meeting*. Profitant que demain était jour férié, on avait organisé une soirée de discussion consacrée, comme on m'en informe, au révisionnisme. Le révisionnisme — fascisme juif comme me l'explique brièvement l'irremplaçable Buchner — a récemment beaucoup progressé au sein de la diaspora et ces progrès s'annoncent non moins significatifs même en Palestine... Je comprends que cette affaire doit regarder le kibboutz, qui reste sous l'influence du Hachomer Hatzaïr socialiste. Le conférencier s'appelle Praï. Il fait partie lui aussi des plus âgés, mais ne ressemble pas du tout à Meïr Ya'ari. Il a la tête du parfait doctrinaire, de celui qui a une prédilection pour la discussion, les joutes oratoires abstraites. On voit que discuter est sa passion. Praï parle tandis que je recours à l'aide de mes voisins de droite et de gauche, qui me résument l'exposé. Le petit Buchner, la tête appuyée sur le coude, est attentif ; lui aussi va me faire son rapport.

Mais pour l'instant j'entends les mots de « fascisme », de « Mussolini », de « Hitler », et à la fin de « Polania »[85]. Grâce à l'obligeance de mes voisins, je peux suivre le sens du discours en hébreu. C'est à peu près le suivant : la crise a provoqué dans le monde une hausse des

---

[84] Villes de Petite-Pologne pendant l'Entre-deux-guerres, situées aujourd'hui en Ukraine occidentale.
[85] « Pologne » en hébreu.

tendances réactionnaires, fascistes. Tout fascisme — argumente Praï — a partie liée avec l'antisémitisme. Là, l'orateur a une noix non négligeable à croquer : l'Italie n'est-elle pas un contre-exemple ? Il explique alors que l'Italie est une exception, que la bonne cohabitation de Mussolini avec les Juifs est due au fait que là-bas la situation avant l'arrivée du fascisme était moins tendue qu'ailleurs, pas aussi compliquée qu'en Allemagne… Praï a également fort à faire avec la Pologne. Ici, dit-il, c'est l'opposition qui est antisémite, et non le fascisme. En revanche, pour ce qui est du fascisme allemand, la théorie du sioniste-socialiste se vérifie à plein. Et ce n'est qu'après tous ces préliminaires qu'il aborde le révisionnisme, pour constater que c'est du « fascisme juif » ; l'introduction qui a précédé cela a-t-elle pour but d'inoculer l'idée que, tout fascisme étant antisémite, il en va de même du fascisme juif ?... Mais il ne s'étend pas sur le révisionnisme.

La discussion est engagée par un jeune garçon qui a pris beaucoup de notes, et à présent s'attèle aux différents points particuliers de la discussion. Fondamentalement il ne se démarque pas de Praï, peut-être fait-il preuve de plus d'optimisme. Il considère que tout fascisme n'a plus qu'une durée de vie très limitée devant soi, il est d'avis que si le fascisme polonais n'a pas « viré à l'antisémitisme », c'est surtout parce que la Pologne, pays peu industrialisé, traverse une crise moins aiguë qu'ailleurs, et aussi que le fascisme polonais est l'œuvre de gens qui l'ont fait quelque peu « malgré eux ». Un autre orateur partage cette vision des choses. Un autre encore attire l'attention sur le danger soi-disant imminent du révisionnisme.

Mais, beaucoup plus que la teneur si judéo-juive de cette discussion, m'intéresse la réaction des habitants du kibboutz.

Pendant tout ce temps cette réaction fut assez tiède, malgré — comme le soulignèrent tous les orateurs — la présence du danger fasciste (révisionniste) aux portes du pays. Les prises de parole furent rares. On écoutait peu. Les jeunes filles et les garçons s'éclipsèrent les uns après les autres dans la cour, où à présent il faisait nuit noire. Beaucoup somnolaient.

Lorsque, à la fin de la discussion, Ya'ari prit la parole, un certain réveil se produisit. C'était manifestement sa personne qui avait provoqué ce sursaut. Ya'ari parlait très lentement, de manière réfléchie ; on me résuma très médiocrement ce qu'il avait dit. Apparemment il était très sceptique quant à l'annonce de l'effondrement des fascismes. Il en voulait pour preuve que les ouvriers allemands votaient pour Hitler. Que le fascisme lui-aussi avait ses réformes sociales, qu'il allait réaliser à sa manière. Il pointait sa force. Il citait — je ne pus déterminer à quel propos — Tourgueniev et Tolstoï.

On peut parler, semble-t-il, d'indifférence des habitants du kibboutz à l'égard de ces grands problèmes. Mais il faut voir que c'étaient des gens physiquement fatigués par leur travail, des gens par ailleurs d'accord avec la ligne directrice de l'argumentation de Praï et des autres... Ils recevaient ses paroles comme le peuple a foi en des paroles de vérité professées du haut d'une chaire. Praï, dans une certaine mesure, « satisfaisait au besoin de vision du monde » du kibboutz. Il délivrait un long exposé socialiste, solide, documenté, dont ses auditeurs, néanmoins, ne retenaient que l'indispensable, selon eux, ABC.

C'est en fait avec soulagement que tous partirent se coucher. On me logea à côté de la maison des enfants, dans une chambre en compagnie de deux autres. Nous traversâmes la grande cour du kibboutz. Elle dominait les champs de la large vallée de l'Emek. S'y déployaient la brume, cette ancienne brume porteuse de malaria, ainsi que la chaleur moite de la nuit australe. Loin devant nous l'Emek, le pays des collectifs, abaissait en direction de l'est la large bande de ses terres.

Et derechef, comme à Petah Tikva, par une tranquille nuit palestinienne, me fut contée l'histoire de cette conquête.

Cela se passa tout simplement ainsi :

La plus grande vallée de Palestine, jadis florissante, était devenue un grand marécage au temps de la domination turque. Le marécage s'étendait jusqu'à Nahalal, presque jusqu'à la baie d'Haïfa. Du haut des collines de Galilée, les colons-halutzim contemplèrent pendant des années la grande vallée, dont les Livres Saints disaient pourtant qu'elle avait été pour leurs ancêtres le pays où coulent le lait et le miel.

Un soleil ardent, subtropical, réchauffait ces marécages ; s'en élevait une brume formée par leurs exhalaisons. On s'y noyait, comme dans les marais de Pińsk[86] ; même les terres avoisinantes étaient infestées par la malaria. Et c'était vide.

Mais les Juifs voulurent coloniser la plus grande vallée de leur rocailleuse patrie. A plusieurs reprises cela s'avéra impossible. Finalement, après-guerre déjà, le Keren Kayemeth envoya trois commissions d'experts pour examiner si, en définitive, on ne pourrait pas y installer des ouvriers organisés en collectifs. Toutes les commissions rapportèrent au chef du Keren Kayemeth Ussishkin[87] que c'était là chose impensable : l'Emek Israël ne pouvait être asséché.

Ussishkin balança longtemps. Bien que jamais encore il n'y eût telle unanimité entre experts. Ussishkin, qui avait voué sa vie à l'organisation de la Nouvelle Palestine, hésitait. Il finit par convoquer les ouvriers eux-mêmes : « Trois commissions ont dit que l'Emek était inhabitable — dit-il. — Mais ce ne sont pas les commissions qui ont à le coloniser et à l'assécher, mais vous. Sélectionnez vous-mêmes une commission et voyez ».

— J'ai connu personnellement — me dit mon compagnon — un des membres de cette commission ouvrière. Voici ce qu'il m'a raconté :

« Nous sommes allés au-delà de Merhavia, et avons marché toute une journée. De la boue, de la boue, de la boue. Il n'y avait même pas d'oiseaux aquatiques, ni rien, une complète absence de vie ! Parfois, accrochées aux pentes des collines, des huttes en pisé arabes. Et nous marchions, marchions, sans dire un mot. Ce que nous avions sous les yeux, c'était le « bourbier mortifère » de la malaria, comme on l'appelait, qui ne pouvait susciter chez nous d'autres paroles que des paroles de désespoir. Et donc nous nous taisions.

Et c'est ainsi que nous arpentâmes les parages — il était quasiment impossible de le traverser — cet Emek. L'ancienne Merhavia était le dernier poste. Au-delà, c'était la gadoue. Nous revînmes en ville et nous rendîmes chez Ussishkin. — Alors ? — demanda Ussishkin.

Et nous, nous ne savions que dire. Et continuions à nous taire. —

---

[86] Ville au cœur d'une vaste zone marécageuse formée par le Pripiat et ses affluents, à cheval aujourd'hui sur la Biélorussie et l'Ukraine.

[87] Abraham Menahem Mendel Ussishkin (1863-1941), ingénieur et enseignant, diplômé de l'Ecole polytechnique de Moscou, leader sioniste, est l'un des fondateurs de l'école des enseignants de Palestine. Participant à la Conférence de paix de Paris en 1919, il y fait un discours en hébreu très remarqué sur les droits du Peuple juif.

Alors que direz-vous à vos compagnons ? — demandait Ussishkin. Jusqu'à ce qu'il y en eût un pour dire : — Monsieur le président, qu'allons-nous dire ? Eh bien, voilà ce que nous allons dire : quand une mère a un enfant en bonne santé, et un autre qui boîte et a la fièvre, lequel, monsieur le président, ira-t-elle voir en premier ? ».

Ensuite, mon compagnon me conta comment toute une armée de halutzim s'abattit sur cette vallée.

« Ce n'étaient pas les peu nombreux colons privés isolés de l'ancienne époque. Des cordées entières de jeunes ouvriers, les unes après les autres, débarquaient sur les bords des marais. On découpa par des tranchées 167 227 dounams de l'Emek. Dans les chaleurs torrides de l'été palestinien, rendues suffocantes par les miasmes des marais, dans les froides journées du printemps, les halutzim se tenaient debout dans l'eau, nus jusqu'à la ceinture. On creusait les tranchées d'une profondeur allant jusqu'à un mètre et demi. Pendant des heures on travaillait l'échine arquée, rejetant la terre des tranchées, plantant sa bêche toujours plus profond et plus loin. Les moustiques vrombissaient par nuées. Chaque jour l'invisible malaria entamait les rangs des travailleurs… Mais l'entame était comblée par de nouvelles forces juvéniles, et le halutz arrivant de la diaspora reprenait la pioche tombée de mains tremblant d'une fièvre mortelle. L'entame se comblait immédiatement — et le marécage ne récupérait pas même un empan des terres qu'on lui avait arrachées.

En 1922-1923 les terres de Nahalal sont débarrassées de la malaria. En 1922 près de Beït Alfa trente-trois pour cent des travailleurs en tombent victimes, dès 1923, plus que cinq pour cent. Dans le même temps à Nahalal la proportion tombe de quatre-vingt-dix à un pour cent. Le travail se poursuit encore pendant des années. Les halutzim habitent dans des baraquements ; leurs mains sont crevassées par l'effort, la peau de leurs jambes est mangée comme de lèpre. Vraiment, tout ici se passe autrement qu'ailleurs dans le monde : avant que ne naissent des colonies, naissent des cimetières. Mais, toujours et encore, les nouveaux-venus affluent dans l'Emek Israël. Et aujourd'hui vous allez traverser un pays de villages florissants, jouissant de ce que les gens ont accompli. L'Emek est très beau. Bien qu'ici des jeunes gens et des jeunes filles aient péri, comme on périt à la guerre, sur le front ».

A PIED A TRAVERS L'EMEK ISRAËL

Tôt le lendemain nous quittâmes Merhavia et, toujours sous la conduite de Praï, notre guide à l'immense serviabilité, nous visitâmes l'hôpital central de l'Emek, situé à proximité, propre et récent, comme le sont ici tous les bâtiments de ce genre. Malgré nos tenues spécialement adaptées à cette marche de quelques jours, la chaleur se fit rapidement cuisante. La route, une fois descendue dans la vallée depuis la hauteur sur laquelle se trouve Merhavia, suivait la ligne où jadis, c'est-à-dire il y a neuf ou onze ans de cela, courait l'axe des marais les plus profonds, et où aujourd'hui se déversent les eaux drainées dans les champs situés de part et d'autre. De jeunes bouquets d'eucalyptus, aux feuilles étroites me rappelant celles des bouleaux, émergent en quelques endroits ; on y a refoulé les boues résiduelles et planté ces arbres pompant remarquablement l'humidité. Tout autour, paisibles, tout ce qu'il y a d'ordinaires, des champs de céréales assez médiocres, emblavés essentiellement de blé et d'orge, plus rarement plantés de pommes de terre. Des prairies. Il fait très chaud. Nous passons un panneau trilingue anglais-arabe-juif indiquant qu'à l'endroit où nous nous trouvons nous sommes déjà au niveau de la mer, et qu'en progressant un peu plus vers l'intérieur de l'Emek et pénétrant plus avant vers le Jourdain et la dépression de la Mer Morte nous allons descendre en dessous de ce niveau. A Gesher nous atteindrons le point bas : environ deux-cents mètres en dessous du niveau de la mer. Gesher n'est pas un kibboutz mais une kvoutza. Buchner me précise les différences entre ces deux concepts.

Le kibboutz et la kvoutza sont tous deux des collectifs. La différence entre les deux réside en ce que la kvoutza est un petit collectif fermé. S'étant constituée définitivement en un petit groupe, elle n'accepte plus personne en son sein. Le kibboutz en revanche est un collectif presque aussi peuplé que nos villages, comptant parfois quelques centaines de personnes. Il y en a certes aussi de plus petits : comme Merhavia par exemple. Par ailleurs le kibboutz est une formation ouverte : il continue à accepter de nouveaux-arrivants en son sein.

Le kibboutz et la kvoutza ont fondamentalement la même organisation, que modifient seulement les habitudes et besoins locaux. Surtout, le pouvoir au kibboutz est exercé par l'assemblée populaire de tous ses membres. Elle se réunit relativement souvent, en tout cas chaque fois qu'on a besoin de prendre une décision de quelque importance. Une fois par an sont élus ses « fonctionnaires ». (J'avais déjà remarqué hier à Mer-havia qu'on m'avait souligné avec beaucoup d'insistance qu'il n'y avait plus au kibboutz aucun « officiel », aucune « autorité », mais seulement des « fonctionnaires »). Ils forment d'ordinaire une entité collégiale, mais ont également leurs fonctions propres. Les figures principales en sont l'intendant régissant l'ensemble des affaires économiques, le secré-taire qui a pour mission de maintenir le contact avec le monde, de régler les affaires de « politique étrangère » du kibboutz, ensuite le trésorier (cette fonction, habituellement de pure comptabilité, est parfois regrou-pée avec celle d'intendant). A cela s'ajoutent deux personnes ayant pour mission de répartir les heures de travail entre les différents secteurs d'ac-tivité et d'affecter les kibboutzniks à ces travaux. Indépendamment de tout cela, il y a celui qu'on appelle le maire, qui représente le pouvoir local au niveau du kibboutz, agent administratif relevant, lui, des autori-tés du pays.

Les discussions d'hier avec les kibboutzniks et celle d'aujourd'hui avec Buchner se complètent en un seul tout, alors que nous cheminons sur la route champêtre, sablonneuse.

Pour ce qui est des kibboutzim pris individuellement, leurs liaisons sont de nature diverse. Il est des théories préconisant une autonomie com-plète du kibboutz, ou du moins aucun lien de subordination. Il en est d'autres, selon lesquelles le kibboutz n'est qu'une cellule d'un collectif général, à l'échelle du pays... Dans l'ensemble, les kibboutzim les plus récents ont des liaisons plus étroites entre eux. Et tous, d'une manière ou d'une autre, sont associés à un parti politique. Il y a cinq à sept kibbout-zim affiliés à l'Hachomer Hatzaïr — ils sont regroupés au sein d'un su-per-kibboutz, un kibboutz à l'échelle du pays, doté d'un conseil et d'un exécutif de sept membres. Ce sont les dénommés kibboutzim « cho-mer », ainsi appelés du nom du parti Ha-chomer Hatzaïr (« ha » étant un article en hébreu, « chomer » signifiant les gardiens), en l'occurrence les gardiens du pays recouvré.

Mais l'énorme majorité des kibboutzim sont dans l'orbite du Parti Ouvrier de Palestine (socialistes faisant partie de la Deuxième Interna-tionale[88]) qui dirige l'Histadrout Haovdim. Ce sont les dénommés

---

[88] Encore appelée « Internationale socialiste », fondée en 1889 et dissoute en 1923, un grand nombre de socialistes ayant rallié l'Internationale communiste fondée par les Bolcheviques en 1919.

kibboutzim halutz. Ils sont associés entre eux de manière beaucoup plus étroite que les kibboutzim-chomer. Ils sont réunis au sein d'un kibboutz « hamouchad » (kibboutz unifié). Si chez les chomer un membre est d'abord membre d'un kibboutz donné, et ensuite seulement membre du super-kibboutz, ici il en va tout à fait autrement : on est d'abord membre du kibboutz-hamouchad pour ensuite seulement obtenir une affectation dans un kibboutz particulier. L'affectation dans une région donnée se fait en fonction des besoins locaux de main-d'œuvre. Quant aux kvoutzas, elles aussi ont opté pour la création de certaines associations. Par exemple l'association de kvoutzas « hevra hakvouzot ». Toutes ces organisations supra-collectives présentent avant tout l'intérêt d'une entraide mutuelle entre leurs colonies-membres.

Il n'y a pratiquement personne dans les champs du fait de la chaleur et du sabbat. Vers midi, ayant dépassé quelques implantations de kibboutz de moindre intérêt, nous parvenons à Kfar Yehezkel, vaste et magnifique colonie, dont les maisonnettes aux toits rouges sont déjà noyées, comme aux abords de Tel Aviv, dans la verdure d'un verger d'orangers. Kfar Yehezkel est un moshav, encore un autre type d'implantation agricole. Le moshav — *moshav of dim*, implantation de travailleurs — est une forme intermédiaire entre une exploitation privée et une exploitation collective. S'y sont établis des colons à qui leur manque de capitaux ou leurs convictions sociales n'ont pas permis de fonder des colonies privées du genre de celles de Petah Tikva. Les moshavs reposent sur les principes suivants :

— chaque colon est propriétaire exclusif de sa parcelle de terrain, que lui a remise le Keren Kayemeth. Il ne peut cependant la revendre à un prix différent de celui de son acquisition auprès du Keren Kayemeth, ni à une personne non approuvée par ce dernier. Il n'est pas autorisé non plus à utiliser de la main-d'œuvre de louage ;

— la culture de céréales (labour, semis, moisson) ainsi que ce qu'en décident les autorités du moshav élues par l'assemblée de ses membres, relèvent de la communauté. En revanche, le pardès, la vigne, l'étable, l'élevage du bétail et de la volaille sont individualisés, de même que les bénéfices venant de la culture collective des céréales.

J'ai justement à l'esprit ce concept du moshav lorsque nous entrons dans une des cases de la colonie, prise au hasard. La « case » possède plusieurs pièces proprettes, des enfants nous accueillent, ne parlant plus, visiblement, que l'hébreu. Dans le salon où nous nous trouvons je suis frappé par la vue de ce qui n'est ni un meuble, ni une caisse. J'ai d'abord pensé à quelque piano d'un genre bizarre, il s'est avéré que c'était tout simplement… une couveuse. Le moshav n'échappe pas à la règle : l'élevage de poules s'y révèle également lucratif. C'est le discours que nous tient le jeune maître de maison, hâlé comme un Arabe, que ses enfants ont rameuté. Lui aussi vient de Pologne, de Tarnów. Mais il est parti dès 1913, aussi passe-t-il volontiers du polonais à l'allemand[89], fortement mâtiné de yiddish, mais même dans cette langue il a du mal. L'ami Buchner finit par faire l'interprète. Mais ce qu'il raconte n'offre guère d'intérêt. Il parle des problèmes d'exploitation — oh, ils sont minimes — il parle aussi de la récolte espérée de céréales, que l'Emek attend avec impatience. Il a trois enfants. Ils sont là, jouant à côté de nous. Je suis à nouveau frappé, comme à Merhavia, par ces petites têtes blondes, inexplicablement slaves, et les visages, les yeux, les traits de type quasi nordique des enfants. Et je suis à nouveau frappé de ce que mon hôte comme sa jeune femme, qui entretemps est entrée et nous retient à dîner, possèdent eux aussi un type différent de ceux qu'on rencontre encore aujourd'hui chez leurs compatriotes de Tarnów … Mais on ne peut pas dire que ce soit un type non-juif. Au contraire : il est juif. Il est juif, mais non d'un ghetto. C'est peut-être là que réside toute la différence entre un individu fort et sûr de soi et un individu faible, apeuré. Parfois même dans leur arrogance chez nous, on reconnaît chez ces gens — c'est du moins ce qu'il me semble — comme une fausse note, quelque chose d'apprêté, de non naturel. Rien de semblable chez ces paysans hébreux.

Le neveu de mon hôte, un jeune garçon récemment arrivé de Pologne, commence à prêter main-forte à Buchner, mon infatigable interprète. J'apprends que mon hôte avait travaillé auparavant dans un kibboutz et que de là il était passé dans un moshav. Pourquoi ? Lui-même me l'explique. Parce qu'au kibboutz il ne pouvait supporter de n'avoir rien à soi. Il était très sensible au fait que s'il venait, par exemple, à quitter le kibboutz après vingt années, alors, bien que lui ayant consacré le travail de toute sa vie, il partirait les mains vides. « Et, au terme de sa vie, ne rien posséder, n'avoir rien gagné, c'est difficile à admettre ».

Le camarade Buchner, un authentique collectiviste, se tortille sur son canapé comme un diablotin aspergé par un goupillon. C'est évident — le prend à témoin le maître de maison — c'est évident. Il ne nie pas que

---

[89] Tarnów était situé dans la partie de Pologne sous tutelle de l'empire austro-hongrois avant la première guerre mondiale.

l'exploitation dans un kibboutz soit plus performante que dans les moshavs. Il ne conteste pas qu'à Ein Harod, par exemple, un travailleur de kibboutz moyen ne possédant pas sa propre chemise sur le dos, vit mieux et plus confortablement que lui, propriétaire d'un lopin de onze hectares. Cependant, le confort de la vie réside avant tout dans un certain libre-arbitre, un certain self-gouvernement. Cela a plus de signification — du moins pour lui — qu'une meilleure nourriture, qu'un meilleur logement, que toutes ces choses que d'autres possèdent dans des kibboutzim plus aisés.

Son ancien kibboutz ? — Il n'existe plus. Il s'est complètement désintégré. On a commencé par éjecter les communistes. « Parce qu'ils voulaient créer leur propre ordre russe » — m'apprend-on. Ensuite on s'est divisé en « gens de gauche » et « gens de droite ». Ensuite une partie s'en est allée ; elle est maintenant dans un grand kibboutz du côté de Hadera. Tout cela a fait vaciller l'exploitation agricole. « Un kibboutz, voyez-vous, ça fonctionne bien quand tous ses membres sont pénétrés du même idéal. Tous — et du même. Autrement tout tombe en quenouille de soi-même ».

C'est bien ce qui s'est passé à Kfar Yehezkel. Ce moshav existe déjà depuis quelques années. Sans — ou presque sans — capitaux, quatre cents et quelques personnes ont trouvé dans cette forme intermédiaire de colonisation un toit confortable au-dessus de leur tête.

Une forme intermédiaire ? Au moment où, après un succulent repas campagnard, il nous fallut prendre congé, j'ai encore demandé à mon ex-kibboutznik ce qu'il pensait faire dans l'avenir.

Il s'avéra qu'il avait déjà une réponse toute préparée : il met de l'argent de côté pour s'acheter un jour son propre pardès, indépendant. Les enfants vont grandir, l'un va rester au moshav, il faudra donner aux autres, en fonction des possibilités, une exploitation privée. Arrivera-t-il à amasser autant, compte tenu de la cherté de la terre ? Il y arrivera, la terre n'est pas chère. Autour de Tel Aviv, bien sûr. Mais loin, à la frontière du Jourdain… Et à ce moment-là, peut-être, il y aura déjà la Transjordanie[90] » …

---

[90] Après la Grande guerre est créé à l'est du Jourdain l'Emirat hachémite de Transjordanie, sous protectorat britannique. Ce territoire est exclu des engagements de l'Empire britannique en faveur de la création d'un foyer national juif,

Ses montagnes se dessinaient tout entières en taches fauves et azur dans l'air un peu brumeux, telles un lointain écran derrière l'Emek. Elles sont visibles ici de pratiquement toutes les colonies. Les ex-kibboutzniks du moshav Kfar Yehezkel, les ex-kibboutzniks d'une dizaine d'autres moshavs les contemplent au moment du repos de midi. Comme cet hôte de rencontre, ils pensent peut-être au moment où, un jour, grâce à leur travail au moshav, ils passeront à leur propre colonie privée, et se hisseront au même statut de propriétaire que celui des fils des fondateurs de Petah Tikva et Rishon Le Zion. Le moshav est une voie de retour à l'exploitation individuelle. Toujours ? Certes non. Il est une proportion conséquente de gens dont les projets ne vont pas au-delà des préoccupations habituelles d'un exploitant de moshav. Il se trouvera quelques idéologues, des gens profonds, pour, à force de réfléchir — passer, ou bien revenir, au kibboutz en tant que forme meilleure, supérieure, d'existence et d'exploitation. Hayouta Bossel m'a rapporté un tel cas, quelques jours plus tard à Degania.

Mais sans doute que les autres et la majorité se projettent, eux, dans un avenir qui, du point de vue du régime, se rapproche davantage de Petah Tikva que de Merhavia.

---

et donc non accessible aux colons qui ne peuvent s'établir qu'en Palestine mandataire à l'ouest du Jourdain.

LES SABRAS DE EIN HAROD

Il n'en reste pas moins que tous ces kibboutzim sont monotones dans leur beauté ordonnée, rigoureuse, économe, frugale. C'est ce que je me disais en sortant, ce même jour, de Geva (nous marchions d'un bon pas, et ces implantations ne sont pas très éloignées les unes des autres), où l'on entend parler russe et allemand, et où dans la bibliothèque du collectif villageois je pus feuilleter quelques pages de la grande œuvre d'Oswald Spengler[91], selon moi les plus percutantes et frappantes par leurs comparaisons prophétiques, de mauvais augure pour notre culture. Des exploitations volaillères exemplaires, des exploitations céréalières mal en point en dépit des efforts de ces gens, des individus jeunes et avec l'air jeune, des enfants. Me revint à l'esprit ce que m'avait dit Buchner lorsque je l'ai connu et que nous parlions des kibboutzim :

— Dommage que je ne vous aie pas rencontré la semaine dernière, je vous aurais emmené chez nous, dans le coin de Hadera. Nous avions alors une grande fête, tout le monde s'est amusé pendant toute une journée...

— En quel honneur ?

— Un enfant était né.

Je me souviens de cela car Buchner vient de me montrer les blocs d'Ein Harod : de la montagne en légère pente dévalent six rangées de petites maisons aux toits blancs, en contrebas une ferme, et près du sommet deux grands immeubles d'une architecture aux lignes modernes forment comme une accroche à tout cela, avec un peu plus bas, entre les deux, un troisième encore plus grand. Il y a un contraste inouï entre ces barres de plusieurs étages, aux lignes inspirées de Le Corbusier, et le paysage encore sauvage des environs. Ces deux bâtiments qui se ressemblent ce sont les habitations pour enfants, où ils vivent « loin des parents », comme on disait à l'Histadrout Haovdim. Le bloc entre les deux c'est le réfectoire.

Merhavia, c'était une implantation que l'on a collectivisée dans un deuxième temps. Ein Harod, lui, n'était qu'un marais avant de devenir un kibboutz. Ein Harod est un kibboutz de souche, pur-sang. Je salue en

---

[91] Philosophe allemand, admirateur de Mussolini, qui publia en 1918 son célèbre essai « Le déclin de l'Occident ».

lui le premier collectif agricole rencontré au cours de ma vie, un type nouveau d'implantation agricole. Que va-t-il me dire ? Que vont me dire ses gens ?

Nous nous rendons chez Yonaï, le secrétaire du kibboutz, chez qui on nous a envoyés, empruntant des ruelles au milieu de maisons de plain-pied, pas très grandes mais en nombre, séparées par des petits carrés de jardin. Je souris à la pensée qui me vient à l'esprit. Buchner me demande pourquoi.

— Voyez-vous, ce spectacle me rappelle, devinez quoi ? Quelque chose d'aussi « démodé » que ce que nous regardons est « moderne » : une ruelle au milieu des petites maisons d'ermites de l'ordre des Camaldules[92] sur les Bielany de Cracovie[93]. Un vieil ordre ascétique catholique — et un collectif juif.

Buchner ne sourit pas. Buchner dit, très sérieusement :
— Vous n'imaginez même pas combien il y a de similitude…

Yonaï est le type même du travailleur manuel : costaud, trapu, sérieux, parlant plutôt lentement et après mûre réflexion. Cela va faire peut-être trois ans de suite qu'il est « fonctionnaire » du kibboutz. Cette grosse machine du collectif, où il y a quantité de diplômés, il la conduit comme on conduit un tracteur, un tank. Il tient dans sa main sa casquette russe d'ouvrier, la même que Lénine, sur les célèbres photographies datant des années de la révolution, triture d'un geste de tribun lors des meetings. Il montre avec fierté des charrues et des semeuses. Il nous fait visiter l'étable, aussi longue que le hangar des machines. Nous passons enfin de la ferme à « la partie habitée » d'Ein Harod, située plus en hauteur.

Le bloc cubique, comprenant cuisine et réfectoire, est doté d'une grande salle, donnant l'impression d'une espèce de sanatorium moderne. C'est peut-être la propreté des murs et des tables, l'enfilade de fenêtres donnant sur les paisibles versants du mont de Guilboa, où tomba le premier roi juif[94], qui provoquent cette impression. C'était l'heure du goûter, nous nous attablâmes donc pour prendre un thé. Yonaï répondait aux

---

[92] Ordre monastique bénédictin fondé en 1012 à Camaldoli en Italie, dont les moines vivent la plupart du temps dans la prière et le travail solitaires, ne se rassemblant qu'occasionnellement pour des repas et loisirs en commun.

[93] Quartier en périphérie ouest de Cracovie, sur la rive gauche de la Vistule.

[94] Le roi Saül, qui y mourut en s'empalant sur sa propre épée en apprenant le désastre de ses troupes face aux Philistins. David maudit ensuite cette montagne.

questions posées par le truchement de Buchner.

Et derechef :

Depuis cinq ans l'exploitation céréalière de 8000 dounams ne rapporte pratiquement rien. Le kibboutz vit principalement de l'élevage de volailles, écoulées sur Tel Aviv. Mais il se porte à merveille, ce que je constate moi-même.

Le kibboutz verse au fisc un impôt forfaitaire annuel de 250 livres pour le foncier (800 hectares) et 50 livres pour les quelque quarante bâtiments. Il paie en outre un impôt sur l'exploitation céréalière — 130 livres par an.

Au kibboutz vivent 120 familles, 180 enfants, environ 30 célibataires et 14 « vieux » — qu'on a fait venir de la diaspora... Ils ont leur cuisine rituelle, on a même construit une synagogue pour eux ...

Là je l'interromps :

— Et vous, vous ne fréquentez pas la synagogue ?

Buchner répond de lui-même qu'il m'avait pourtant déjà bien dit que les kibboutzniks étaient athées, mais Yonaï s'empresse de préciser en ce qui lui reste de langue russe :

— Ils sont quelques-uns à la fréquenter... Deux, trois...

— Et vous — demandé-je à Yonaï — êtes-vous croyant ?

Yonaï affiche un large et bienveillant sourire. Mais ce n'est pas le sourire du halutz du « Dacia » regardant le Juif en train de prier. Il répond en hébreu que non. Pas maintenant. Mais peut-être un jour, quand il aura vieilli, qui sait...

J'ai fait la connaissance d'une institutrice de Pologne, qui est ici depuis une quinzaine de mois avec sa petite fille. Elle m'a montré toutes les installations modernes des deux immeubles pour enfants. Je ne sais pas si je me sentirais à l'aise dans quelque chose de pareil, cela rappelle tout de même à la fois l'hôpital et l'orphelinat. Mais les enfants qui jouaient là-bas se sentaient bien. Du reste, il y en avait peu dans les chambres. Depuis le balcon nous apercevions ces chérubins de quelques années en train de faire du cheval à la ferme, maintenus par la main par leurs parents, chevauchant une douzaine de chevaux à peine dételés de leur charrue. Ici comme hier à Merhavia, tous les enfants jouaient avec leurs parents, une fois fini le travail aux champs.

Buchner, en pédagogue, s'approcha de quelques-uns d'entre eux, et instantanément nous avions autour de nous toute une ribambelle de mouflets. Cela se pressait avec une surprenante confiance. Ils s'étonnaient que nous ne restions pas pour toujours. Pour quoi faire, alors, étions-nous venus ?

Je me suis encore entretenu longuement avec eux et leurs éducateurs. Les parents rappliquaient. Ces derniers, les éducatrices en tabliers blancs et moi, journaliste polonais, tous ensemble nous nous tenions ainsi penchés sur cette bande de bambins turbulents et curieux, pour lesquels on avait construit ici les meilleures habitations, auxquels on avait donné ce que le kibboutz avait de meilleur. Afin d'éduquer, afin d'élever.

Ces enfants étaient déjà nés en Palestine, et non en exil. Pour eux le pogrom de Płoskirów[95] et les évènements allemands seront déjà entrés dans l'histoire, comme le sont pour nous Kroże[96], et pour nos enfants Radzymin[97]. Ici les enfants nés en Palestine sont appelés familièrement des sabras[98] — du nom d'un cactus commun dans les campagnes du pays.

Les sabras d'Ein Harod, vifs et joyeux, nous accompagnèrent de leurs salutations lorsque, le lendemain, nous reprîmes notre chemin à travers l'Emek. Je repensais aux enfants de notre ghetto, misérables, chétifs, braillards et malingres. S'il était possible de juxtaposer les deux — ces enfants d'un seul et même peuple, les mettre simplement côte à côte et les montrer aux gens — alors on illustrerait de la meilleure des façons cette énorme distance séparant le monde de l'exil de celui de la patrie retrouvée.

---

[95] Aujourd'hui Khmelnytskyï, en Ukraine occidentale, cette ville fut le siège en février 1919 d'un pogrom perpétré par les Cosaques du chef militaire ukrainien Semesenko, au cours duquel 1500 à 1700 Juifs furent sauvagement massacrés.
[96] Aujourd'hui Kražiai, petite ville de Lituanie, qui vit en 1893 le massacre de catholiques s'opposant à la démolition d'un monastère : les troupes cosaques du gouverneur local russe tuèrent 9 personnes et en blessèrent une cinquantaine.
[97] Théâtre d'une bataille acharnée aux portes de Varsovie en août 1920 entre les troupes polonaises et bolcheviques, au cours de laquelle 3000 soldats polonais périrent. C'est un des épisodes du fameux « miracle de la Vistule » qui fut déterminant dans la victoire polonaise lors de la guerre soviéto-polonaise de 1919-1921.
[98] Mot dérivant de l'hébreu *tzabar*, « figue de Barbarie ».

GESHER

Les jours suivants, nous avions déjà laissé derrière nous Tel-Yossef qui, séparé de Ein Harod depuis des années, dressait les deux blocs blancs de sa moderne « garderie d'enfants » face à un autre kibboutz, Beït-Alfa, aux maisons basses blotties contre le massif du mont Guilboa. Nous parvînmes par chemin de fer jusqu'au plus profond de la faille par laquelle le Jourdain se déverse dans la Mer Morte. Nous y tombâmes un soir de chaleur lourde et suffocante, alors qu'au loin grondaient les turbines du Dnieprostoï[99] palestinien, la centrale électrique de Rutenberg[100]. Nous avons passé la nuit dans la kvoutza de Gesher. Elle existe depuis relativement longtemps, mais ses maisons sont des baraquements, où la nuit, outre les moustiques, vous tourmentent d'autres insectes moins exotiques, où la nourriture est la seule chose que la misère, en ces « années de vaches grasses » du pays biblique, n'ait pas rationnée. Seule la faim, ici, épargne les gens.

Gesher dispose de mille dounams de foncier, juste à côté de la kvoutza, mais se situe déjà au-delà de l'Emek, ses terres escaladent les flancs des collines bordant le Jourdain, collines probablement parmi les plus arides au monde. De ces mille dounams il y en a aujourd'hui à peine deux cent cinquante de cultivés — et cela avec quelles difficultés ! — Il y a fort peu de matériel. Il n'y a pas d'exploitation laitière aussi développée que dans les kibboutzim de l'Emek ; surtout, les conditions pour l'élevage de bétail sont plus défavorables ici que sur le piémont de l'Emek Israël, et par ailleurs il manque de débouchés d'une certaine importance. A quelques pas d'ici commence la Transjordanie, aujourd'hui totalement désertique.

On s'est donc attaqué à une autre spécialité de l'agriculture palestinienne : les bananes. Pour se rattraper, on en a planté d'un coup jusqu'à

---

[99] Enorme chantier de la construction de 1927 à 1932 du barrage hydro-électrique de Zaporijjia sur le Dniepr en Ukraine.

[100] Centrale hydro-électrique construite en 1932 sur le territoire de l'Emirat de Transjordanie, au confluent du Jourdain et du Yarmouk, par Pinhas Rutenberg (1879-1942), homme d'affaires russe, sioniste et nationaliste juif. Cette centrale, d'une puissance de 18 MW, alimenta jusqu'en 1948 une grande partie de la Palestine mandataire.

cinquante dounams. Mais la malédiction des mauvaises récoltes, qui depuis trois ans persécute Gesher et ses environs, n'a pas épargné les bananes : le froid les a gelées et le soleil les a grillées. Les agriculteurs de Gesher passent à côté de ce champ calciné aux minables tiges desséchées comme s'ils passaient à côté d'un cimetière : y gisent, englouties, 2500 livres.

Les bananes ont achevé la kvoutza. Son endettement atteint 5000 livres. Les arriérés de remboursement quinquennal du matériel agricole courent depuis longtemps, de façon inquiétante. Les huissiers anglais ne sont pas du genre à mettre délibérément en faillite les agriculteurs — la politique de protection de l'agriculture n'est pas considérée ici comme politique d'exception, *ad hoc*, et comme une grâce accordée avec trois années de retard — mais ce danger aussi plane au-dessus de la kvoutza.

Le fiasco. La crise. Le krach.

Mais les gens, pour venir à Gesher au bord du Jourdain, ont quitté la Transylvanie[101] et la Petite-Pologne, ont enduré mille difficultés et monté la garde pendant mille et une nuits pour prévenir les attaques de Bédouins sur leurs baraquements et tentes. A partir de ses 12 fondateurs, la kvoutza a grandi pour dépasser la taille habituelle de ses sœurs : elle compte 140 adultes et 32 enfants. Ces gens n'ont pas cessé de se démener, encore et encore. Ils obtinrent de la PJCA rothschildienne une superficie de terres de 3000 dounams. Situées assez loin de la kvoutza, elles semblaient cependant constituer un bon terroir à exploiter. Et ce fut là encore une déception ; commencèrent alors des conflits permanents avec la PJCA à propos des conditions de fermage, des questions politiques et économiques. Pire, les mauvaises récoltes n'épargnèrent pas non plus les terres rothschildiennes. On essaya la plantation d'orangers et de vigne. Cent dix dounams de pardès constituent un poste bénéficiaire dans le déplorable budget de Gesher. Mais un poste des plus modestes.

Si Gesher a subsisté, si Gesher continue à subsister, c'est grâce au système de travail qui a sauvé et remis « sur pied » plus d'un miséreux kibboutz : un demi-kilomètre seulement et un pont sur le Jourdain séparent Gesher de l'endroit où s'est édifiée la centrale de Rutenberg, exploitant la force conjointe des eaux du Jourdain et de son affluent pour en tirer de l'énergie électrique. Pour construire cette centrale, pour

---

[101] Région du centre-ouest de la Roumanie actuelle, correspondant plus ou moins à l'antique Dacie.

l'agrandir, et pour l'exploiter, cette fois déjà sous un toit, il fallut de nombreux ouvriers. Un voisin capitaliste a sauvé les collectivistes. Quarante à cinquante personnes ont travaillé là-bas pendant les cinq années de construction de la centrale. Aujourd'hui encore, ils sont quinze à y travailler. Même non qualifié, à condition seulement d'avoir effectué un stage pratique de formation dans la centrale, un ouvrier gagnait et gagne encore aujourd'hui quinze zlotys par jour. Les kibboutzniks de Gesher, comme le font beaucoup de leurs camarades du coin de Haïfa, envoyaient une partie des leurs travailler chez Rutenberg. L'autre partie pendant ce temps s'occupait de la construction et de l'exploitation de Gesher. Les salaires de la main-d'œuvre ouvrière de Gesher allaient à la couverture des besoins de la communauté et à ceux de la kvoutza. D'après leurs comptes, de l'ordre de vingt mille livres sont rentrées grâce à cette source au cours des cinq années de travail.

Gesher, c'était jadis, paraît-il, des gens d'extrême gauche. La PJCA — je tiens ces informations d'eux-mêmes, elles peuvent donc manquer d'objectivité — tout en leur donnant la terre leur fait la guerre au motif de leur régime collectif. « Soyez un moshav, et on s'arrangera ». Mais la kvoutza de Gesher est une équipe soudée, qui ne s'en laisse pas conter. Ensemble ils ont repoussé les attaques arabes venant de Transjordanie, ils ont vécu trop de temps sur ces confins de la Palestine juive, comme on a vécu sur les avant-postes polonais du temps des Tatares. Et ils ont passé trop de temps à se battre face à l'état déplorable des finances de la kvoutza. Ils ne veulent pas devenir une moshav, ne veulent pas désagréger leur existence communautaire.

Aussi la kvoutza s'efforce-t-elle collectivement de montrer les dents à la PJCA rothschildienne. On a beau lui expliquer qu'avec l'argent dont elle disposait, ces quelque vingt-sept mille livres, toute autre implantation non collective eût fait mieux, mieux et — pour moins cher. C'est peut-être vrai, c'est sans doute vrai, mais eux préfèrent qu'il en soit ainsi. Cela leur a donné davantage de satisfaction morale. Cela leur a donné un souvenir, comme en donne parfois le front, le régiment, la position tenue. Cela leur a donné ce que le moshav ne donnera pas.

En même temps, alors qu'aux yeux des gens de Gesher la PJCA se muait pratiquement en ennemi, les kibboutzniks considéraient les grands bâtiments industriels qui poussaient à leurs côtés non pas comme un brigand de capitaliste, mais comme le plus grand des amis. La centrale de Rutenberg — le plus grand colosse capitaliste et industriel de Palestine — et le pauvre collectif de gauche.

LES MAISONS DE VERRE NE SONT PAS UN MYTHE

La Palestine ne pourra accueillir plus de population que si elle est un pays industriel, urbanisé. Les traditions de Tyr et de Jérusalem la prédestinaient quelque part à devenir le nouveau centre industriel et commercial du Proche-Orient. L'afflux de capitaux grâce à la colonisation juive rendait possibles, semblait-il, ces plans. Mais la Palestine manquait de cet agent indispensable à tout développement industriel : le charbon. Le projet de densification de la population de Palestine, impératif national, achoppait ainsi sur l'impossibilité de son industrialisation à plus grande échelle en raison du manque de charbon, énergie motrice des futures usines.

La première grande entreprise industrielle de ce pays sans charbon fut la Palestine Electric Corporation Ltd., entreprise ayant vocation à devenir le fournisseur général d'électricité pour l'éclairage et la force motrice.

La genèse de cette institution fut fort simple. C'est encore une des légendes vivantes, partie intégrante de l'histoire de la Palestine. On pourrait l'appeler la Légende du Bon Capitalisme. C'était il y a très, très peu de temps… Et cela se passa ainsi :

Dans un des grands établissements industriels de Russie un jeune ingénieur juif, issu d'une famille entraînée dans le sillage du mode de vie russe, se rapprocha de l'idée sioniste. Il était toujours ingénieur électrotechnicien russe, poursuivait l'étude et le développement de ses projets théoriques, professionnels. Il continuait à rêver, comme tant d'autres jeunes ingénieurs ambitieux, aux miracles de la technique, à l'américanisation de la Russie, de l'Asie, du monde. De très grands projets, qu'étayait le sens des affaires juif. Dans ces projets, plans et calculs savants, s'inséra alors un facteur qui joua le rôle d'aiguillage. Il décala d'un angle obtus les plans du jeune ingénieur. Le nouveau côté de cet angle obtus s'envola quelque part au-delà de l'orbite des frontières verdoyantes de la Russie, fila comme une flèche vers le bas du globe, et s'arrêta sur un petit pays du Midi, où une poignée de pauvres utopistes faisaient paître des moutons, rêvant de vergers et de grasses prairies.

Les premières années d'après-guerre trouvent déjà l'ingénieur Pinhas Rutenberg en Palestine. En Palestine il y a de nombreux halutzim asséchant les marais, beaucoup de colons plantant de la vigne et des orangers. Mais pas un seul technicien, ingénieur de haut vol, *businessman* de pointure américaine. Pinhas Rutenberg[102], arrivé de Russie, en est un. Il arpenta toute la vallée du Jourdain, passa en revue tous ses méandres, ses coudes. Il accomplit la longue et fastidieuse tournée de l'inventeur auprès des bureaux juifs et ceux des dignitaires anglais de Palestine. Il se rendit à Londres et au-delà. Là-bas aussi on l'accueillit avec un aimable scepticisme et de légers soupçons, masqués... Il étalait partout ses grands plans griffonnés, sur lesquels le petit ruban bleu du Jourdain était sectionné par les traits de barrages inexistants. Il expliquait, comme s'il parlait du beau temps et de la cueillette de champignons, qu'il faut détourner le cours d'une des rivières pendant toute la durée des travaux, puis déverser le cours de cette rivière et également celui de l'autre dans un grand lac, et qu'alors seulement, ce lac étant obturé par un grand barrage, la chute de l'eau ferait tourner quatre gigantesques turbines et éclairerait tout le pays biblique. Et comme si tout cela ne suffisait pas, il disait que ce pays était complètement vide d'habitants, une nature sauvage. Et comme si cela ne suffisait toujours pas, il expliquait que ce premier barrage, et tout ce qu'il disait aujourd'hui, ce n'était qu'un début, car pour bien faire il faudra en construire au moins huit, de ces barrages !

Pinhas Rutenberg pourrait écrire des mémoires très passionnants, mais l'un des chapitres les plus passionnants serait sans aucun doute celui évoquant ses errances à la recherche de capitaux. Après 1918, le capital de la ploutocratie juive se déversait en avalanche sur l'Allemagne, cette jeune et saine démocratie du travail et de l'égalité... Dans son budget, la Palestine représentait une rubrique du genre « pour les pauvres de la commune », « fondation de feu mon père », « bourses pour les fils d'ouvriers de mon consortium ». Point à la ligne.

A l'ingénieur qui proposait une prise de participation dans la Palestine Electric Corporation, on se justifiait en invoquant une dotation l'année

---

[102] *Avant de devenir sioniste, Rutenberg était un révolutionnaire russe extrémiste. C'est lui qui, paraît-il, a éliminé en 1905 dans une villa finlandaise, pour le compte du parti, le célèbre pope Gapone démasqué en tant que provocateur (note de l'auteur).*

Pruszyński fait ici référence à des évènements de la révolution russe de 1905-1906 : en fait, le prêtre Gapone, qui fut introduit au Parti socialiste révolutionnaire par Rutenberg, a été retrouvé pendu en avril 1906 dans une datcha du quartier historique de Saint-Pétersbourg et Rutenberg a nié sa participation à cet assassinat ; mais le Parti refusera d'endosser la responsabilité de la mort de Gapone, condamnera Rutenberg et l'exclura de ses rangs.

dernière au Keren Hayessod, à l'Université Hébraïque, à tel ou tel organisme de bienfaisance en Palestine. « Nous avons déjà fait œuvre de patriotes, de patriotes généreux, monsieur Rutenberg. Et comment ça va là-bas en Palestine, vous n'êtes pas très malheureux, n'est-ce-pas ? ».

Des légendes circulent à ce propos en Palestine, qui en amèneraient beaucoup à rougir fortement, et contraindraient immanquablement à en mentionner encore davantage, comme ayant eu un investissement formidable à réaliser — et ne l'ayant pas fait. Toujours est-il qu'un capital social important fut réuni : la société Palestine Electric Corporation fut constituée à partir de fonds anglo-juifs d'un million de livres. Le Keren Kayemeth, le Fonds National Juif, y participa pour la considérable somme de cent mille.

La construction dura plusieurs années. Le grand « baraż »[103], la retenue, élevée au Tel Or actuel et accumulant sur une douzaine de mètres de hauteur les eaux d'un énorme lac, les eaux du Jourdain et du Yarmouk, est déjà prêt. Un ensemble de zones résidentielles et d'ateliers ont envahi le territoire de la concession, retranchée derrière des lignes de fil de fer barbelé. C'est un véritable camp : on n'autorise les entrées qu'à des jours bien définis, et encore pas n'importe où ni à n'importe qui. Non seulement les propriétaires, mais aussi le gouvernement, ont intérêt à surveiller de façon aussi stricte ce grand établissement industriel. Ce qu'on montre ici aux touristes, c'est surtout le grand mur de béton du barrage. Deux grosses tuyauteries de quelque deux mètres de diamètre en sortent en deux endroits et convergent sous l'énorme salle des accumulateurs et générateurs. Deux turbines produisent le courant électrique. A côté il y a la place pour deux autres, pas encore installées. Un jour elles travailleront côte à côte, en alternance. Un jour, sur les coudes aval du Jourdain, où poussent aujourd'hui de petits saules cendrés, s'élèveront les prochains barrages de la Palestine Electric Corporation.

Mais, dès aujourd'hui, ce qui existe est grandiose. Le pays tout entier s'éclaire à partir d'ici. De grandes filiales de Rutenberg, distributrices du courant électrique, existent à Tibériade, Tel Aviv et Haïfa. Le barrage sur la retenue artificielle est capable de fournir jusqu'à quarante mille kW. Il est en mesure d'éclairer le pays tout entier. Mais l'éclairer — c'est encore très peu.

Car la majeure partie de la colonie utilise à ce jour le pétrole. Son

---

[103] Transcription phonétique du français « barrage ».

élimination définitive n'est pas encore l'objectif principal de Rutenberg. Cet objectif a pris des proportions énormes. La Palestine Electric Corporation parle très peu de cet objectif principal, mais tous ici l'ont en tête. Cet objectif est le suivant :

— Fournir à tous les ateliers industriels de Palestine, ceux existants et ceux à venir, une énergie motrice bon marché. Electrifier toutes les usines et entreprises de Palestine !

Cet objectif est déjà en train de se concrétiser. Selon les dernières statistiques, remontant hélas à 1931, rien qu'à Tel Aviv il y avait 1400 moteurs électriques en service. A Haïfa il y en avait 650, à Tibériade 20. Ces chiffres n'ont pu qu'augmenter, de même qu'ont augmenté la richesse de ces villes, leur population, leur industrie. Ces chiffres vont encore croître. Le coût bon marché de l'électricité et la cherté du charbon contraignent les industries les plus récentes dans le monde à utiliser l'électricité comme énergie.

A long terme la Palestine voit encore un autre plan à mettre en œuvre et réclame d'autres choses dans le sillage de l'œuvre de Pinhas Rutenberg. Ce plan paraît presque utopique. Mais qui a vu la Palestine récente sait que ce plan est plus réel que nos plans les plus simples. Voici :

— Présentement, il y a dans les plantations d'orangers quelques centaines de machines à vapeur en activité, qui pompent l'eau de profonds puits artésiens et la déversent dans les pardès. L'oranger a besoin de beaucoup d'eau. L'oranger donne de bonnes récoltes en Palestine parce que les pardès bénéficient d'une irrigation adéquate. La culture céréalière est déficitaire en Palestine principalement à cause d'une irrigation des terres déficiente. Elle est déficiente pour la raison suivante : autant l'irrigation des vergers d'orangers est rentable grâce au prix élevé des oranges, autant du fait des prix peu élevés des céréales (le quintal métrique de blé vaut là-bas à peu près vingt-huit de nos zlotys) il n'est manifestement pas rentable d'irriguer les terres emblavées. A la source du déficit en céréales de la Palestine, il n'y a rien d'autre aujourd'hui que l'incapacité à irriguer ses terres. Il y avait deux remèdes possibles à cette incapacité :

— une augmentation artificielle des prix des céréales qui rendrait l'irrigation rentable ;

— la baisse du coût de l'irrigation.

En Palestine on était trop avisé pour s'attaquer au premier plan (si tant est qu'il fût jamais réalisable). Le second plan — c'est justement celui de Rutenberg. Et c'est cette partie, la plus lointaine, la plus tardive, de son dessein qui, officiellement, n'est pratiquement pas encore déclarée ; pour nous, le projet d'irriguer des terres à blé, de les irriguer au moyen d'énergie électrique, apparaîtra encore comme une folie. En Palestine ce n'est pas plus utopique que d'assécher l'Emek. Il convient de mieux tirer parti de l'Emek qu'on ne l'a fait jusqu'à présent. Une partie conséquente des terres de l'Emek requiert une irrigation permanente. Rutenberg, Rutenberg !

Ce cri — c'est l'appel du pays des collectifs, l'appel de gens qui veulent voir l'accomplissement de leur œuvre. La centrale rutenbergienne de Tel Or, de la Colline de la Lumière, figure sur la carte de Palestine comme le dernier avant-poste de l'Emek. Elle se trouve — comme si elle faisait office d'éclaireur pour les futurs colons — sur des terres situées déjà au-delà du Jourdain. De la centrale rutenbergienne on attend une nouvelle phase de progrès : l'extension de la centrale électrique dans des proportions telles qu'elle rendra possible une baisse proprement inouïe du prix du courant électrique, une baisse suffisamment importante pour que puissent en profiter de manière commercialement rentable non seulement les pardès, mais aussi les terres ordinaires de l'Emek.

Alors…

J'ai interrogé en Palestine beaucoup de personnes, de tous bords, pour savoir qui est ici l'homme le plus populaire. Leurs réponses étaient très variées. Le nom de Pinhas Rutenberg revenait cependant très souvent. Chose remarquable, il revenait le plus souvent… dans l'Emek. Dans l'Emek collectivisé, rouge. Pour les gens de Tel Aviv, Rutenberg était sans doute quelqu'un comme Poznański[104] pour les habitants de Łódź : un grand industriel, une grosse tête des affaires, et basta. Dans l'Emek, ce même homme s'élevait au rang de continuateur de l'œuvre des halutzim, d'un homme qui par sa personne-même réalise une œuvre immense. Rutenberg c'était un guide, un symbole. Clairement un symbole. Du fait

---

[104] Izrael Poznański (1833-1900) fut un homme d'affaires juif polonais, grand patron de l'industrie textile de Łódź, qui a inspiré un des personnages (Szaja Mendelsohn) du roman de Reymont *La Terre promise*.

essentiellement que les intérêts de la Palestine Electric Corporation et ceux de la Palestine se confondent. Il se peut que l'incontestable idéalisme de cet homme, son souci du sort des ouvriers, son action philanthropique et la modestie de son train de vie aient beaucoup contribué à cela. Mais le fait était là. En constatant cela, je sens que mon histoire de Pinhas Rutenberg donnera l'impression de quelque pastiche, juste sur un autre ton, des *Lettres Persanes* de Montesquieu, que ma Palestine se révèlera aux yeux des gens comme une Atlantide, pays imaginaire, à partir duquel l'auteur aura voulu forger le concept de quelque paradisiaque concorde entre l'ouvrier et le capitaliste, quelque chose ressemblant au film bien connu, à l'eau de rose, de *Métropolis*[105]. Et pourtant — il en est bien ainsi. Je ne sais moi-même si je dois m'en réjouir ou m'en affliger. Je me contente de noter.

Au demeurant, ce n'est pas une chose si « utopique » que cela. Rutenberg ne s'est pas contenté de sauver de nombreuses kvoutzas misérables telles Gesher, et beaucoup de miséreux. — Il y a en Pologne la magnifique légende de la reine Kinga[106], qui de sa patrie hongroise apporta par miracle à la Pologne les mines de sel de Wieliczka. Rutenberg n'apporta à sa patrie retrouvée aucune des riches mines de Russie. Mais, au lieu de la noire, il lui donna ce que les techniciens appellent couramment de la « houille blanche ». Les serfs incultes des citadelles du pays de Bochnia[107] n'ont rien à voir avec les halutzim harassés de l'Emek. La distance entre la reine du Moyen-âge — dont la dynastie, en plus d'elle, a donné onze saints à Dieu — et l'ingénieur juif de Russie Pinhas Rutenberg est énorme, abyssale. Et pourtant il me semble qu'il est au monde une force qui, par-dessus cet abysse, déploie malgré tout une arche unificatrice : la

---

[105] Film muet de science-fiction de Fritz Lang, sorti en 1927. Il connut à l'origine un retentissant échec critique, commercial et financier, et fut interprété politiquement comme illustrant l'alliance entre le capital et le travail à l'ombre de l'Eglise, proche de la doctrine fasciste. Le film fut ensuite réhabilité et est considéré aujourd'hui comme l'un des chefs-d'œuvre du cinéma muet.

[106] Kinga (Cunégonde), fille d'un roi de Hongrie, est devenue reine de Pologne en épousant contre son gré le roi Bolesław IV ; elle vécut au 13ème siècle, menant une vie de chasteté, au service des pauvres et fut béatifiée en 1690, canonisée en 1999. La légende raconte qu'elle fit don au peuple polonais des célèbres mines de sel de Wieliczka, près de Cracovie.

[107] Ville où furent découverts les gisements de sel gemme « apportés » par la reine Kinga.

bénédiction d'une bonne action.

A Tel Or, la Colline de la Lumière, comme Rutenberg a appelé sa centrale, j'ai pensé au *Pré-printemps*[108]. Les maisons de verre de Stefan Żeromski ; les maisons de verre, dont le vieux Baryka, celui qui ne put entrer en Pologne, rebattit les oreilles à son fils, quelque part en Russie ; les maisons de verre que Czaruś Baryka ne put jamais trouver dans la nouvelle Pologne... Un ingénieur polonais venu d'outre-mer, tirant parti de l'énergie du courant marin pour construire une grande centrale industrielle... Des maisons de verre assemblées à partir de grands panneaux non transparents en lieu et place de chaumières sales et enfumées. Le pays tout entier chauffé, éclairé... Un projet technique atteignant les hauteurs d'une légende.

Je ne sais pas si mes Lecteurs reconnaîtront en monsieur l'ingénieur Rutenberg cet ingénieur Baryka en pays juif. Mais les analogies sont manifestes. Tel Or, comparé à ce qui doit être, ne représente que moins d'un quart du chemin. Seulement, Tel Or c'est déjà ce « quart du chemin ». *Le Pré-printemps* est chez nous universellement considéré comme une œuvre révolutionnaire, Żeromski comme un prophète révolutionnaire. A Tel Or cela m'apparut soudainement affreusement bizarre : l'idéal de Żeromski, en fait — c'est un ingénieur Baryka, construisant des maisons de verre, géniale individualité, mais non géniale multitude, c'est le progrès s'appuyant sur soi-même, sur un savoir plus que sur une ячейка[109]. Le rêve doré de Żeromski pour la Pologne future, tout son regret qu'il n'y ait pas de *telle* Pologne car il n'y a pas de *tel* individu, s'est cristallisé autour du seul et unique personnage de l'ingénieur Baryka. Grand inventeur, grand patriote et — grand *businessman*. Cela sonne bizarrement : *businessman* ? Jetons un coup d'œil au *Pré-printemps*, lisons, vérifions. Żeromski dit : *étant donné que n'existait pas* dans la Pologne nouvelle cet homme capable de construire des maisons de verre, étant donné que n'existaient que de ternes idéologues du type du brave Gaszyniec[110], au

---

[108] Le Pré-printemps (*Przedwiośnie*) est un roman de Stefan Żeromski (1864-1925) paru en 1925. Il raconte les tribulations d'un jeune Polonais, Cezary (Czaruś) Baryka, né en Russie et ne connaissant pas sa patrie, qui rejoint la Pologne une fois celle-ci redevenue indépendante en 1918. La traduction française de ce roman est disponible aux Editions BoD (voir références au début de ce livre).

[109] « cellule », en référence aux cellules de base du Parti communiste de l'URSS.

[110] L'auteur pense-t-il à Gajowiec, personnage du roman de Żeromski, laborieux et dévoué haut-fonctionnaire, incapable de faire « vibrer » le jeune Baryka ?

radicalisme fade et banal tenant lieu de programme, *alors devait arriver le moment* où Czaruś Baryka, la jeune génération, marcherait au premier rang de la foule sur le palais présidentiel du Belvédère. Parce qu'il y avait pléthore de Gaszyniec de tout acabit et aucun ingénieur Baryka, aucun ingénieur Rutenberg.

Ces allusions au *Pré-printemps* débordent du cadre d'un reportage sur la Palestine. Elles s'en éloignent beaucoup, énormément... Oh, il ne s'agit pas pour moi de plaider en tordant la pensée d'un grand écrivain — d'un défenseur du capitalisme. Si la paresseuse incurie des Gaszyniec de la Diète n'avait dispersé il y a dix ans de cela ceux qui rêvaient d'un ingénieur-industriel, bâtisseur d'un sort meilleur pour les masses, aujourd'hui chaque inscription dans les gares, les lieux publics, à propos « du sucre qui fortifie »[111], la ferait hurler aux yeux de toute la Pologne. Mais cela ne change rien au fait qu'aux yeux de Żeromski les maisons de verre et leurs bâtisseurs, même si c'étaient des utopies, n'en étaient pas moins un idéal, tandis que le rush de la jeune génération sur le Belvédère protégé par des soldats avec leurs petits aigles[112], même si c'était une nécessité, était une nécessité triste, tragique, un malheur. Le mythe des maisons de verre... Tel Or, l'ingénieur Rutenberg, ne sont pas des mythes.

---

[111] Allusion au slogan publicitaire imaginé par Melchior Wańkowicz au début des années 30, qui connut un énorme succès lors d'une campagne de propagande en faveur de la consommation de sucre. Ce slogan fut employé à toutes les sauces, notamment pour critiquer le prix élevé du sucre, la famine dans les campagnes...

[112] Les chapskas des militaires étaient décorés de l'aigle blanc, symbole de la Pologne.

DU GHETTO AUX KIBBOUTZIM

La Palestine a constitué un groupe de quelques dizaines d'exploitations collectives. Y vivent plusieurs milliers de personnes, et quelques milliers d'autres se pressent à leurs portes. Ces collectifs prospèrent, bien qu'aucune loi, aucune répression, ne les fassent tenir, bien que le capital qui les a soutenus l'ait fait à contre-cœur. Il existe donc, en dehors de la Russie, un autre pays où les gens tuent en eux le sens de la propriété privée jusqu'à — semblerait-il — en oublier leur vie privée, jusqu'à ne plus avoir de vêtements et d'affaires personnelles. Des enfants y sont élevés, chez qui le souvenir de tout autre régime sera encore plus lointain, plus falot, que ne l'est chez l'intelligentsia d'aujourd'hui le souvenir du bien-être d'avant-guerre, et au sein des gens du peuple, le souvenir de la corvée seigneuriale. Se réalise — simplement à plus petite échelle — une expérience de mise en place d'un régime que certains qualifient de « régime du futur », qui jusqu'à présent a échoué partout où l'on a tenté de l'introduire en l'absence de police et de coercition. L'expérience dure déjà depuis quelques années, voire une douzaine. Quels sont pour nous, éloignés que nous sommes des affaires palestiniennes, ses enseignements et ses résultats ? Assiste-t-on, là-bas, vraiment à la naissance d'un nouveau régime et d'un nouvel homme ?

La réponse à cette question est trop importante pour être consignée en quelques phrases, trop difficile à défendre vis-à-vis des attaques, à droite comme à gauche, qu'elle ne manquera pas de susciter aujourd'hui, pour ne pas, avant qu'elle ne tombe, insérer dans ce reportage ces quelques temps forts, extraits à dessein de deux semaines de vagabondage à travers les kibboutzim.

LE DOLLAR A CHUTE DE VINGT POUR CENT

Je quittais Tel Aviv pour l'Emek, déjà assis dans l'autobus, quand, presque instantanément et sans prévenir, tout s'est mis à vibrionner. C'était le plus authentique tohu-bohu de nos Nalewki[113]. Après un moment, j'appris de quoi il s'agissait : la bourse venait d'annoncer une nouvelle sensationnelle, d'insigne importance — le dollar avait chuté de vingt pour cent.

La chute du dollar étant une émotion qui ne touche pas les moteurs d'autobus, quelque temps après nous étions déjà dans l'Emek, à Merhavia, dont j'ai déjà parlé. Le soir, alors que Buchner était parti quelque part à la recherche de Ya'ari, je me retrouvai au réfectoire du collectif, au milieu de tout un groupe de kibboutzniks. Quelqu'un me demanda :
— Alors, quoi de neuf dans le monde ?

J'allais lui faire une réponse évasive, quand soudain je me suis souvenu de cette affaire de dollar. Tout mon instinct de journaliste, d'homme dont le plaisir est de délivrer le tout dernier scoop, le plus sensationnel, pour qui les jours d'éditions spéciales sont de grands jours, se concentra alors dans cet énoncé lourd de sens :

« Un grand, énorme évènement : le dollar aujourd'hui a chuté de vingt pour cent ! »

Il y eut un silence qui dura l'espace d'un instant, sans aucune question. Et donc, comme si j'avais balancé ces premiers mots en manchette du journal avec les plus gros des caractères, j'embrayais derrière en utilisant les caractères gras et espacés des dépêches à sensation. Comme si je dictais vraiment une édition spéciale du journal. Annonçant que, de vingt-sept piastres encore hier, et même ce matin, le dollar — le dollar — était tombé à vingt-trois, et qu'il continuait à chuter. Que c'était comme si, ni plus ni moins, les Etats-Unis — oui, les Etats-Unis ! — entraient en inflation. Et que ce qu'avait fait le président Roosevelt ne s'arrêtait pas là, car demain passerait au Congrès une loi lui conférant des pouvoirs dictatoriaux en matière de politique financière[114]. Que la

---

[113] Cf. la note 29 supra.
[114] La loi fut présentée le 9 mars 1933 à midi et ratifiée par le Congrès à 21 heures, cinq jours après l'investiture du président. Elle inaugurait toute une série de mesures financières prises dans le cadre du premier « New Deal ».

panique s'était installée partout où l'on détenait des dollars, que c'était le krach pour tous ceux qui dogmatiquement avaient fondé leurs projections sur l'immutabilité du dollar...

Et rien. Tout simplement, le plus clairement et le plus absolument — rien. Aucune réaction.

A ce moment-là, je ne fus pas seulement stupéfié. Je pris un coup sur la tête. Toutes mes prétentions journalistiques à connaître ce qui intéresse le lecteur, à être capable de discerner le sensationnel de l'ennuyeux, se fracassaient sur ce calme silencieux et attentiste — « bon, et après ? » — d'une douzaine de kibboutzniks. J'étais comme lessivé. Mais en même temps je me rendis compte qu'il se passait une chose peut-être encore plus importante que la chute du dollar d'un plein vingt pour cent.

La nouvelle de la chute du dollar continuait à laisser de marbre les kibboutzniks de Merhavia.

— Alors le dollar a chuté ? — disaient certains. — C'est la panique en Europe à cause de ça ? — *Seules* des réflexions de ce genre venaient en écho à la sensation produite au même moment sur les capitales du monde. La nouvelle qu'Ordonka[115] s'apprêtait, paraît-il, à venir en Palestine, fit peu après une impression, sans exagérer, mille fois plus grande. D'éminents artistes font souvent des tournées dans les kibboutzim.

Je ne sais s'il me faut ajouter quelque chose à ce souvenir. Au moment où ce krach de la monnaie américaine déferlait sur le monde, je ne possédais, ni moi ni mes plus proches, un seul dollar vaillant. Et pourtant, même si cela ne m'affectait ni personnellement ni directement, cela me fit la même impression que des catastrophes se passant au loin, ailleurs, comme la nouvelle (elle aussi survenue inopinément) du bombardement de Shanghai par la flotte japonaise[116], la nouvelle de l'éruption du Krakatoa[117], d'un tremblement de terre, de la peste au Tibet. *Sur ces gens, elle ne fit aucune impression.*

Et pourtant ils faisaient partie du même peuple qui, au même moment, réagissait de la façon la plus sensible, la plus forte, à cette même nouvelle. Et pourtant leurs parents — peut-être des parents proches ? — non

---

[115] Cf. la note 43 supra.
[116] Le 28 janvier 1932, déclenchant la « guerre de Shanghai ».
[117] L'éruption de 1927-1928, qui fit émerger l'Anak Krakatoa, l'« enfant du Krakatoa ».

seulement rue Gęsia[118] ou à New-York, mais dans tous les Oszmiana, Sędziszów[119], ont réagi comme à une grande et historique nouvelle. Les mots « chute du dollar de vingt pour cent » ont fait vibrer jusqu'à les rompre les cordes les plus intimes de leur psyché. Au collectif de l'Emek Israël, ces mêmes mots ont cherché vainement cette corde, peut-être occultée par d'autres, peut-être oubliée. Ils l'ont cherchée, et ne l'ont pas trouvée.

J'ai écrit ailleurs[120] : les Juifs de Palestine écrivent, parlent et pensent non en « jargon », mais dans une langue qui était déjà une langue morte quelques siècles avant le latin. Aujourd'hui, ressusciter le latin est utopique, la résurrection de l'hébreu est un fait. Je t'ai alors prié de noter, Lecteur — si tu veux te forger une certaine idée de ce qui se passe en Palestine nouvelle à partir des faits relatés dans ce reportage — combien d'efforts il aura fallu pour ressusciter une langue de ce type.

Maintenant, je recommande à Ton attention l'évènement que je viens de rapporter. Je le rapporte — en lieu et place de longues considérations — en réponse à la question de savoir si la Palestine a changé ou non quelque chose chez ces gens. Et si oui, quoi. A l'aune de la distance séparant le Juif des Nalewki, pour lequel la chute du dollar a été, a forcément été, un coup de tonnerre, et le Juif du collectif de Merhavia, mesure la différence, mesure l'importance de la métamorphose réalisée.

---

[118] Rue du ghetto de Varsovie, détruite en 1943 lors du soulèvement juif.
[119] Villes polonaises possédant à l'époque d'importantes communautés juives.
[120] Cf. la note 36 supra.

QUATRE SEMAINES AURONT SUFFI

Au cours de mon expédition suivante dans la région des colonies « à orangers » depuis Tel Aviv jusqu'à Hadera et au-delà, j'ai rendu visite à mes compagnons de voyage du « Dacia ». Ils étaient pratiquement tous là, ceux avec lesquels j'avais sympathisé sur le bateau. A vrai dire, on les avait répartis entre trois kibboutzim différents, mais proches les uns des autres, deux d'entre eux ne possédant pas encore leur propre terre (d'habitude elle est accordée à un groupe après quelques années de travail en tant que salariés) dans le voisinage immédiat. Je me réjouissais beaucoup de ces retrouvailles, et fus reçu comme un bon vieux copain. Mais, une fois de plus, je m'étais trompé. En me rendant chez eux j'escomptais a priori avoir une série de discussions assez approfondies à propos de la vie en kibboutz, j'attendais tout ce qu'on peut attendre de gens à qui il avait été enfin donné de concrétiser leur vision théorique de la vie. Au moment où j'arrivais à Kfar Saba, ils terminaient leur quatrième semaine de travailleurs agricoles.

Je me rappelais les vives discussions, acharnées et alambiquées, que nous avions le soir sur le bateau. J'admirais les capacités de ces gens à débattre, à manier la dialectique. Argumenter contre eux était dix fois plus difficile que dans une discussion moyenne de chez nous. Ils étaient tout simplement d'une ingéniosité diabolique. Ils étaient subtils, intellectuellement véloces. Le pacifisme, le marxisme, le conflit Staline-Trotski, Einstein, Spengler[121], Coudenhove[122]. Une capacité à s'affranchir de toutes sympathies et animosités, des prétendument grandes, mais en fait fragmentaires questions, à tout juger d'une hauteur étrangement abstraite. Je comptais sur ce qu'on qualifie de « force d'attraction de la terre ». Je comptais que leur volatilité se solidifierait autour de quelques simples, claires convictions et expériences. En attendant…

En attendant j'entreprenais Moïse Schamroth, le même que celui du

---

[121] Cf. la note 91 supra.
[122] Richard Nikolaus comte de Coudenhove-Kalergi (1894-1972), homme politique, essayiste, historien et philosophe d'origine austro-hongroise et nipponne, fut l'un des premiers promoteurs des Etats-Unis d'Europe, publiant en 1923 son livre « Paneuropa » qui préconisait déjà de réunir le charbon allemand et l'acier français.

« Dacia », sur un sujet très simple : se sentait-il heureux ? Il sourit en guise de réponse, mais soudain s'assombrit. Peut-être, après tout, avait-il connu ici une grave déception d'ordre idéologique ? Eh oui, ils avaient tous connu une déception. Une grave, grande déception. — Imagine un peu : nous sommes arrivés ici avec un accord ficelé, stipulant que nous obtiendrions d'un colon vingt dounams de pardès à cultiver, et d'un second à côté vingt autres. Et maintenant, ce brigand ne nous en donne que dix !

Voilà quel était le grand souci de Moïse Schamroth…

Au cours de ces quelques jours de séjour chez eux, aucune discussion n'eut lieu. Ce n'était pas uniquement que nous nous réunissions le soir, harassés, eux travaillant vraiment durement, bien évidemment beaucoup plus que moi. C'était simplement que les anciens sujets de discussion, sujets autour desquels bouillonnaient de polémiques tournois, s'étaient affreusement éloignés du domaine d'intérêt de ces gens. Les avait occultés le problème de la construction de baraquements en remplacement des tentes, le projet d'installation d'un élevage de volailles dès maintenant, la question du surplus de filles, le conflit avec le colon-employeur, les projets d'obtention de meilleures conditions aux portes mêmes d'Hadera. L'horizon intellectuel de mes amis s'était rétréci de façon effrayante : il fut un temps où Moïse Schamroth embrassait les univers, et comptait la durée en millénaires. On peut dire qu'aujourd'hui, le plus formellement, tout s'était resserré sur une superficie pas plus grande que six hectares.

C'était là un processus singulièrement étrange et curieux. C'est comme un *« empaysannement » de l'intelligence*. Car ces gens, indépendamment de leur éducation formelle, de leurs diplômes, étaient d'une intelligence racée, classique, déliée, audacieuse, abstraite dans ses conceptions politiques, révolutionnaire dans ses théories, recherchant où et quoi détruire. C'était une pépinière, comme les « stancje »[123] estudiantines russes furent une pépinière pour le soviétisme, comme l'Ecole des cadets de Wysocki[124] le fut pour 1831, comme les Burschenschaften[125] le furent

---

[123] Pensions louées à des étudiants (de l'italien *stanza*).

[124] Le général Józef Wysocki (1809-1873) participa, encore jeune sous-lieutenant, au soulèvement national polonais de 1830-1831.

[125] Ces confréries estudiantines allemandes se multiplièrent lors de la révolution de 1848, y compris dans l'émigration du fait de la répression qui s'ensuivit. Elles acquirent pignon sur rue à partir de la fondation du Reich en 1871.

pour l'unification allemande. C'était un plein à cent pour cent de théorie complètement déjantée, qui finit par déborder dans le lit du courant sioniste et, continuant à y écumer, bouillonner, se déversa sur un lopin de terre dans les parages de ce Kfar Saba — et s'y infiltra.

L'empaysannement se produisit du jour au lendemain. Ne le produisirent aucune révolution, aucun « révisionnisme ». Non, absolument pas. Moïse Schamroth est resté fondamentalement marxiste, souscrivant fondamentalement à tous ses points de vue du temps du « Dacia ». Mais il s'est désintéressé de ces choses. Elles ne le concernent plus. Dans cette indifférence, cependant, se loge quelque chose de très important : toute la dynamique révolutionnaire de Moïse Schamroth a craqué. Cette dynamique qui est née en lui du temps du ghetto, qui fortifiait pour se muer en révolte au sein d'une société capitaliste et antisoviétique, qui aurait survécu à des années de prison et de surveillance policière, a craqué après quatre semaines de travail... dans un collectif. Sur le « Dacia » je me demandais si la religion ne constituerait pas pour ce jeune homme un contrepoids à son marxisme, je me demandais s'il existait quelque idée capable de « prendre le dessus » sur son idéologie du moment. Il s'est avéré qu'il avait suffi pour cela de l'énergie du mouvement qu'il avait de lui-même, si inconsidérément pour son esprit révolutionnaire, déclenché. Si je me sers de l'histoire de Moïse Schamroth, cela ne veut pas dire qu'il soit le seul concerné. Tous ont fait l'objet d'un processus absolument identique. Mais Moïse Schamroth avait le chemin le plus long à parcourir.

Le tableau de Kfar Saba se mêle dans ma mémoire avec mes souvenirs de cette soirée de discussions sur le révisionnisme, à laquelle j'ai assisté dans l'Emek. Ces gens là-bas eux-aussi réagissaient différemment à l'exposé sur le fascisme et ses dangers. Leur dynamique révolutionnaire elle aussi s'était érodée. Erodée ? Il semble qu'elle ait obéi à la loi physique de conversion de l'énergie, ou peut-être s'est-elle plutôt déchargée... dans le buttage de petits orangers dans la campagne de Palestine.

Au cours de ces quatre semaines s'est produit comme *un changement des élites*. Jusqu'à présent Moïse Schamroth était le cador, le chef de ses collègues. Maintenant il s'est effacé vis-à-vis de gens qui auparavant l'écoutaient pérorer et professer, mais étaient meilleurs pour ouvrir la voie, pour les chicanes avec le colon, pour répartir le travail. Les *esprits forts*[126] les plus brillants du « Dacia » ont partagé son sort. Des individus qui ne m'avaient guère impressionné à l'époque, de jeunes garçons sains, énergiques sont passés au premier plan. Celui qui était tout n'est peut-être pas devenu rien, mais celui qui n'était rien est véritablement devenu tout.

Est-ce que « cette chose d'avant » va revivre ? Je ne sais pas. Mais je ne crois pas. Tant que dure une exploitation, les soucis aussi durent, ne faisant que changer. Les idées ne revivent pas. Elles aussi ne font que changer. Une idée, une fois concrétisée, a besoin d'une superstructure, surtout une idée basée en somme sur un certain modèle d'exploitation, matérialiste.

---

[126] En français dans le texte.

LE MUR DES LAMENTATIONS

— Alors vous êtes allé à Jérusalem ? — me demanda-t-on dans un des kibboutzim.

— Bien sûr — fut ma réponse.

— Et vous avez vu le Mur des Lamentations ?

— Oui, je l'ai vu.

— Que c'est drôle ! Vous êtes chrétien et Polonais. Moi ça fait huit ans que je suis en Palestine, ce camarade à moi — trois, ces autres — trois et quatre, et aucun de nous, pourtant Juifs, n'est encore allé à Jérusalem. On n'a pas eu le temps...

Que représente donc pour les Juifs de la diaspora le Mur des Lamentations, ce fragment de mur de l'ancien temple de Salomon, sinon la plus grande, la seule sacralité nationale et religieuse, le monument ultime, un symbole comme la couronne de saint Etienne[127] pour la Hongrie, comme les insignes perdus du couronnement[128] pour la Pologne. Le vieux Juif vient en Palestine pour se rendre devant le Mur des Lamentations. Le vieux Juif s'empresse de visiter en priorité le Mur des Lamentations. On trouve dans les kibboutzim des centaines de personnes qui sont en Palestine depuis des années — et ne sont pas encore allées à Jérusalem. Il faut une demi-journée pour se rendre de l'Emek à Jérusalem.

Comment comprendre cela ? Comment l'expliquer, étant pleinement averti de ce que représente le Mur des Lamentations pour un vieux Juif ? Uniquement par « le dépérissement du sentiment religieux » ? Non : le Mur des Lamentations — c'est une sacralité peut-être encore davantage nationale que religieuse. Difficile à mon avis de parler de dépérissement du sentiment national chez les Juifs qui ont émigré en Palestine. La raison en est ailleurs :

J'ai déjà évoqué ce stupéfiant phénomène de la dynamique révolutionnaire, dont les halutzim étaient tout simplement saturés à leur arrivée,

---

[127] Etienne 1er, fondateur du royaume de Hongrie, mort en 1038 et canonisé en 1083, est le saint patron de la Hongrie.

[128] Ces insignes (la couronne, le globe, le sceptre et le glaive) étaient sortis lors du couronnement des rois. Ils ont été pillés à plusieurs reprises ; seules subsistent aujourd'hui des répliques, dont celle du fameux glaive (*Szczerbiec*) datant des Piast, la première dynastie royale polonaise.

et qui littéralement tombait à zéro dès les premiers jours de travail à la ferme. J'ai dit que certainement elle se transformait en une autre forme d'énergie. Dans la nature de l'homme, comme dans celle de l'univers, rien ne se perd. Ainsi, aussi bien cette énergie révolutionnaire et ces séculaires aspirations de la diaspora, au tout premier contact avec le sol de la Terre Promise, pratiquement au premier pas posé dessus, ne changent pas même d'un iota ni d'intensité, ni de direction, ni de nature.

Dans son étude sur la psychologie de la société des Soviets, *La pensée dans des tenailles*[129], Stanisław Mackiewicz décrit l'hypnotisation, l'hystérisation, la « haschischisation » de cette société par la rhétorique propagandiste du plan quinquennal. Ici aussi s'est produit quelque chose d'analogue, dans un autre sens et par d'autres moyens. Le halutz venant de la diaspora était attiré par l'aimant du *travail de reconstruction* de l'Eretz Israël, de la Terre d'Israël. De même que les hoplites des légions de Xénophon, nostalgiques de l'Hellade, après s'être frayé leur chemin à travers les immensités de l'Asie, criaient *thalatta, thalatta*, de même ces gens rêvaient de kibboutz, de construction d'un foyer, de moshav. Ces gens ne partaient pas pour visiter la Palestine, mais pour y travailler. Fiévreusement, au plus vite.

Le slogan « Notre vie pour le socialisme », qui auparavant devait résonner sympathiquement, agréablement, à leurs oreilles se transforma en un informulé « A nous bientôt la patrie ressuscitée ». Enorme changement. Les Juifs ont attendu des siècles entiers le retour sur la terre de leurs pères. Qui plus est, ces Juifs, le plus explicitement, *se glorifiaient* de cette attente, de leur aptitude et de leur capacité à attendre. « Attendre pour la Palestine » — est *une honte* pour la jeune génération. Pas moins. La torpeur des ghettos s'est muée en fougue des kibboutzim. On dirait que ces gens pressentent quelque grande, mystérieuse tourmente à venir, une tempête qui s'approche, contre laquelle il convient dare-dare de construire une arche protectrice. L'amour de la patrie, qui jadis était toute contemplation, ne trouve aujourd'hui plus un seul moment pour la contemplation.

Mais il y a encore autre chose. On descend au Mur des Lamentations

---

[129] Livre de Stanisław Mackiewicz (1896-1966) paru en 1931, dans lequel l'auteur, écrivain, homme politique et journaliste de tendance conservatrice et antisocialiste, monarchiste, admirateur du fascisme, du national-socialisme et antisémite, décrit et critique les relations sociales en URSS.

par les étroites, puantes ruelles de la ville arabe. On passe au milieu des rictus moqueurs des Arabes. Quelques dizaines de personnes se tiennent devant le mur, un vieux mur aux blocs creusés par les ans, ruine si pauvre et si minable dans toute sa séculaire dignité, égale et même supérieure à celle des pyramides. Mais — minable. Un policier surveille. Le regard ne peut s'échapper plus haut, car plus haut il ne tombera que sur les lambeaux d'un mur ordinaire et se souviendra que là-bas derrière ce mur, sur les ruines de la plus grande gloire de l'hébraïsme, se dresse une mosquée arabe, et que l'entrée en est interdite aux Juifs. A l'endroit du temple de Salomon ! Il se rappellera que cette surélévation du Mur des Lamentations a été édifiée par le philanthrope juif Montefiore[130] — afin de protéger les Juifs qui priaient des pierres et des ordures lancées de derrière le Mur des Lamentations par les gamins des rues arabes...

Le Mur des Lamentations symbolise l'action de durer et de perdurer, mais en tant que grande sacralité c'est typiquement la sacralité d'un peuple asservi. Son abaissement et sa misère l'enchaînaient d'autant plus fort aux pèlerins venus ici déplorer des existences entières d'abaissement et de mépris. Mais ces caractéristiques, justement, l'éloignèrent de la jeune génération, qui déjà reconstruit Sion. Ces ruelles arabes puantes, ces railleries de l'entourage arabe, cette misère et cette ruine, ce souvenir des attaques du passé, ce policier, dont la présence est indispensable pour protéger la tranquillité du peuple en son lieu saint — tout cela fustige et révolte l'âme des nouveaux venus. Une chose sacralisant deux mille ans de servitude cesse d'être sacrée. Néanmoins, tant que l'avilissement, l'abaissement, ne seront pas relégués dans le passé et devenus un rêve lointain — le Mur des Lamentations restera pour ces jeunes une sacralisation de la servitude.

Une fois de plus — comme cela est bizarre. Pendant ces quinze premières années de notre Indépendance, l'hymne sacré du nationalisme polonais a été un chant rappelant notre condition d'ilotes[131] expulsés de la terre, rappelant la plus grande maltraitance à notre égard. Cela a été l'hymne de la jeunesse, et non des vieux, et de la jeunesse la plus « nationale ». L'ont chanté des milliers de jeunes gens dans le pays libéré, comme les jeunes gens de la misérable Russie chantent la révolution qui

---

[130] Moïse Montefiore (1784-1885), homme d'affaires anglais, philanthrope et défenseur de la cause des Juifs opprimés, notamment dans l'Empire ottoman.
[131] Esclaves des Spartiates dans l'Antiquité grecque.

recouvrira le monde, comme les jeunes gens de l'Allemagne vaincue chantent la victoire prochaine de leur patrie. A l'université, la lutte des « Empiristes »[132] pour leur hymne se heurtait aux phalanges des militants du « Camp de la Grande Pologne »[133] qui suggéraient à la jeune génération d'adopter pour hymne les paroles du *Serment*[134]. Les Français se sont jadis enivrés de la *Marseillaise*. Chez nous on s'enivrait de la fière poésie des paroles : « L'Allemand *ne nous crachera pas à la figure* ».

Ce sont là, évidemment, des remarques collatérales. Je ne tiens pas à ce qu'elles obscurcissent en quoi que ce soit ce fragment des « études de la psychologie des gens du kibboutz ». Mais il n'est jamais mauvais de comparer une chose d'ailleurs avec une chose de chez soi, fût-elle très douloureuse.

---

[132] Les partisans d'un « Empire » polonais, les « Mocarstwowcy », avaient créé en 1926 une organisation académique regroupant les tenants d'une politique supranationale, anti-nationaliste et respectueuse des minorités : ils voulaient faire de la Pologne une sorte de Commonwealth allant de la Baltique à la Mer Noire, capable de s'opposer à la fois à l'Allemagne et à la Russie. Ksawery Pruszyński et son frère Mieczysław y jouèrent un grand rôle.

[133] Organisation extra-parlementaire fondée également en 1926 par l'homme politique Roman Dmowski après le coup d'état du maréchal Józef Piłsudski. Son caractère nationaliste se radicalise dans les années 1930 et ses milices se livrent à des activités antisémites. Elle est interdite et dissoute en 1933.

[134] La « Rota » en polonais : poème patriotique composé en 1908 par Maria Konopnicka, en protestation contre la politique de germanisation menée dans les territoires occupés par le Reich allemand. Candidat au titre d'hymne national polonais en 1918 lors de la renaissance de la Pologne, il se vit préférer le Mazurek de Dąbrowski, qui est encore aujourd'hui l'hymne national polonais.

LE SOCIALISME

Le socialisme...

A la centrale de l'Histadrout Haovdim on m'a dit : les kibboutzim ont expérimenté à cent pour cent toutes les théories socialistes. Il n'y a pas de propriété commune. Les enfants vivent, sont élevés, habitent séparés des parents.

Mais dans le « rupin des kibboutzim », à Ein Harod, en entrant le soir dans la chambre-logement de Yonaï, où je devais dormir, je vis dans l'alcôve attenante deux enfants déjà endormis.

— Alors chez vous les enfants dorment avec les parents ?

Yonaï était embarrassé :

— Voyez-vous, nous sommes arrivés à la conclusion qu'il vaut mieux que les enfants, à partir d'un certain âge, dorment auprès de leurs parents... C'est quelque part plus convivial... Et dans les garderies, il y a plus de place pour la salle de jeux, pour le dortoir des bébés...

Après tout, cela ne me regardait guère. Seulement, quelques jours plus tard, je visitais le kibboutz sans doute le plus ancien, Degania Alfa. Hayouta Bossel[135] qui nous guidait montra une des habitations. Trois petits lits blancs d'enfant occupaient une pièce aux dimensions étriquées...

Là, j'étais déjà davantage intrigué :

— Comment cela, camarade ? A l'Histadrout on m'a clairement dit que les enfants étaient séparés des parents, qu'ils habitaient à part depuis leur premier jour, collectivement et non en famille. Pourquoi donc chez vous...

Mais Hayouta Bossel répliqua du ton d'un praticien n'ayant que faire des théoriciens :

— Dans notre kibboutz (Degania jouit d'une grande réputation du fait de son ancienneté) nous sommes arrivés à la conclusion qu'il valait mieux que les enfants petits, encore jeunes, s'élèvent et habitent avec leurs parents...

Le kibboutz se compte en familles. « Nous avons tant et tant de familles, tant et tant de célibataires hommes et femmes » — m'informait-on dans chaque kibboutz. La famille forme ici la cellule de base. Dans

---

[135] Pionnière formée sous l'égide de Yossef Fein (1903-1949), protagoniste influent du sionisme.

un kibboutz encore en cours de constitution, il n'y a pas de familles, de couples, pas encore d'enfants. Plus le kibboutz a d'ancienneté, plus il s'y établit de ménages stables. Partout où je suis allé, en dépit de leur jeunesse, l'énorme, l'écrasante majorité des kibboutzniks entrent dans cette dernière catégorie.

Personne ne s'est intéressé au rapport statistique du nombre des enfants à celui des adultes dans les kibboutzim. J'ai pu aisément constater à partir de toute une série de cas particuliers que le ménage moyen d'un kibboutz — c'était plutôt trois que deux enfants. Ce sont des ménages ayant à peine quelques années d'existence. Il paraît que les Anglais n'aiment pas les kibboutzim parce que le pourcentage de population juive y « croît de façon démesurée » par rapport à ce qui est autorisé par la Grande-Bretagne. Il est rare, c'est vrai, de voir des familles très nombreuses. Néanmoins, l'objectif déclaré des couples mariés est ce que le catholicisme qualifie de *procreatio*. La procréation est ici habillée en exigence d'intérêt national : on y voit de nouveaux combattants et pionniers pour la reconquête de la Palestine.

Avant qu'ils n'arrivent au pays, ces gens sont vaccinés non seulement contre la variole, mais ont suivi tout un cours de propagande « eugéniste », et sont au fait de tous ses tenants et aboutissants. Curieusement, les vaccins de l'eugénisme n'ont pas pris, bien que les conditions de vie eussent plutôt milité en leur faveur. Bien que, là aussi, les théories socialistes eussent propagé tout ce que chez nous on appelle communément « la propagande de Boy[136] ». Dans beaucoup de kibboutzim les gens vivent dans la misère. Et partout il y a des enfants, beaucoup d'enfants. Les couples mariés (normalement ils ont une période probatoire de vie commune) sans enfants sont considérés comme un accident de la nature, et il en est vraiment ainsi. Aussi les ménages dans les kibboutzim ont-ils habituellement plusieurs enfants. Il en va ainsi malgré le fait que les femmes dans les kibboutzim de l'Emek sont généralement détruites par

---

[136] Tadeusz Boy-Żeleński (1874-1941) est un médecin de formation, devenu écrivain, essayiste, critique littéraire et traducteur d'œuvres de la littérature française. Figure de l'intelligentsia libérale et démocrate polonaise de l'Entre-deux guerres, il fut un ardent défenseur de l'égalité des femmes et du droit à l'avortement. Il codirige avec Irena Krzywicka le premier centre de planification familiale de Pologne. Il meurt fusillé à Lwów par les Allemands en 1941. Une rue et une école maternelle portent son nom dans le 10ème arrondissement de Paris, à proximité de la Place du Colonel Fabien.

un travail dément de plusieurs années sur les routes, vu que les adeptes des slogans sur l'égalité de traitement des femmes sont convaincus qu'une femme est aussi bien taillée pour ce travail qu'un homme.

Je ne pus alors, même à Degania — quand j'ai vu que là-bas aussi tout tournait autour de la famille, cette même famille à partir de laquelle s'est développée notre organisation sociale, et qu'on veut si radicalement détruire dans d'autres collectifs — me soustraire à l'impression qu'avec les kibboutzim palestiniens il s'est passé la même chose qu'avec les programmes de « logements ouvriers » de l'Histadrout : les gens ont détourné le dogme du marxisme. Ont-ils eu tort ? Ils ont dévié le socialisme — et préservé la vie de la communauté...

J'aurais peut-être une seule remarque à faire, marginale, accessoire : la fécondité de la population des kibboutzim résulte aussi du fait que le kibboutz pourvoira toujours à l'existence d'un nouveau membre, et si ce n'est lui, ce sera un autre, tandis que chez nous... Mais ce phénomène n'est pas seulement à attribuer à cette raison purement matérielle ; il me semble que ces gens sentent, consciemment ou non, qu'outre l'existence matérielle qu'ils assurent à l'enfant, ils vont lui transmettre quelque chose de plus, ils vont lui transmettre quelque part une grande idée, un objectif supérieur à réaliser.

Et je ne sais pas si chez nous, en la matière, il y en a beaucoup ayant quelque chose à transmettre.

L'AMOUR DANS UN COLLECTIF

Arrivé le soir dans un des collectifs, je suis parti me coucher au plus tôt. On m'installa dans une chambre où il y avait encore quatre autres lits. Le matin je vis que tous étaient occupés par des femmes.

La Palestine socialiste a pris exemple ici sur la Russie soviétique. On ne m'a pas logé, évidemment, dans une chambre de femmes par *parti pris*[137] d'aucune sorte, mais tout simplement parce qu'il n'y avait pas de place ailleurs. Ce n'était pas non plus la preuve de quelque « permissivité orientale ». C'est que, tout bonnement, la vie — dans des conditions où ont disparu ces innombrables excitants sexuels qu'apportent dans notre quotidien le livre, le cinéma, les illustrations, la presse, le spectacle, jusques et y compris les affiches publicitaires — a organisé différemment les rapports sexuels.

Sur le chemin de retour en Pologne, un kibboutznik voyageant avec moi m'a raconté qu'au kibboutz tout rapport sexuel ne reposant pas sur l'amour était exclu. Je le savais déjà, cela n'a fait que confirmer mes informations antérieures. L'existence dans les kibboutzim est monogamique. Il n'est pas si rare que des personnes tout à fait saines et normales soient tenues de vivre dans une complète abstinence parce que ce que nous qualifions de manque de réciprocité leur rend impossible les relations sexuelles. Le constat des socialistes selon lequel l'absence d'argent entraîne l'absence de prostitution se confirme pleinement. Des rapports sexuels occasionnels, à caractère polygamique, ont cédé la place à la monogamie. D'ailleurs, elle peut être normalement précédée par un genre de « période probatoire ». J'entends me dire : « ce sont des ménages à la colle », si répandus en Occident, où (comme chez les étudiants parisiens par exemple) chaque copine fait hiberner chez elle un copain, mais ces « ménages » — sont malgré tout très différents. Si là-bas le passage d'un tel « ménage » à une union durable relève de l'exception, de l'exception rarissime, ici c'est la règle. Et même une règle qui va loin.

---

[137] En français dans le texte.

LE KIBBOUTZ, LE KOLKHOZE, ET... LE MONASTERE

En visitant les collectifs palestiniens, on pense d'instinct à d'autres collectifs, qui ont essaimé sur des étendues mille fois plus grandes que celles qu'occupe l'Emek Israël, les environs de Tibériade et la Samarie. On pense aux kolkhozes de l'Union des Républiques Socialistes Soviétiques. Quelles sont les différences et les similitudes de ces deux types de collectifs existant dans le monde, fondés presque au même moment, à partir de la même idée du marxisme, mais dans des conditions si différentes ?

Les kolkhozes sont nés et existent par la contrainte, les kibboutzim par la libre volonté de leurs membres — voilà la différence, différence dont les socialistes palestiniens sont bien conscients.

C'est peut-être là une différence à la fois énorme — et très petite. Enorme — car un système soutenu uniquement par la force est artificiel, car tous ses résultats officialisés doivent être mis sur le seul compte des baïonnettes qui l'épaulent. Petite — car, finalement, si l'on découvrait aujourd'hui que les Egyptiens ont bâti les pyramides de leur plein gré, et non sous la plus horrible des terreurs, les pyramides n'en resteraient pas moins les pyramides, et cette découverte ne signifierait rien pour nous. Mais il y a tout de même une autre différence.

La vie dans le kibboutz a adopté le schéma socialiste, mais avec des interpolations vers lesquelles le marxiste orthodoxe se tournera avec horreur. En Russie, les kolkhozes ont remplacé les églises orthodoxes des villages par des cantines, Ein Harod, le modèle des kibboutzim, a construit une maison de prière. En Russie le communiste orthodoxe combat la religion, dans les kibboutzim, tout au plus il ne croit pas. J'ai eu l'occasion de constater que la réponse d'un Yonaï n'avait rien d'exceptionnel : les gens qui aujourd'hui ne croient pas — ou qui plutôt, lorsqu'on les interroge sur la religion, répondent qu'« ils ne s'en occupent pas » — ne jurent pas pour autant qu'ils ne vont pas croire un jour. Pour ce qui est du rapport à la religion, et j'y ai prêté une grande attention, je considère qu'il n'est ni meilleur ni pire qu'ailleurs. Que je considère ce rapport comme ne laissant pas à désirer dans notre société catholique, c'est là autre chose. Cependant, si l'on m'interroge sur la moralité des sociétés de kibboutzim et celle des sociétés de notre système, sans hésiter je considère la première comme plus proche des idéaux que nous nous fixons.

— Quel est donc ce collectif, cette commune — s'écrieront les bolcheviques — qui construit des maisons de prière et n'a même pas en tête *un plan quinquennal* athéiste ?!

Mais ce n'est pas dans cet exemple criant que réside la différence essentielle entre les communes de la Russie soviétique et les communes de la Palestine sioniste, de même qu'elle ne réside pas dans l'absence ou non de contrainte. Elle se loge dans autre chose : le socialisme dans la Palestine des kibboutzim — c'est l'expression de la structure économique d'une société nouvelle. Cela et rien d'autre. En Russie soviétique on a substitué le socialisme non seulement au tsarisme et à la propriété privée, mais on l'a substitué également à toutes les autres idées, aux idées nationales, à l'idée religieuse. La Palestine socialiste a substitué simplement le socialisme au capitalisme. C'est tout.

Point n'est besoin d'être féru de doctrine économique pour comprendre combien cette différence si claire, si simple et élémentaire est lourde de conséquence. Les recommandations du socialisme, comprises en tant que normes à caractère uniquement économique, ayant pour objectif exclusif une amélioration des conditions de vie, étaient manifestement, dès leur institution, des règles dont le changement ne dépendait de rien d'autre que d'un simple changement de point de vue de leurs auteurs sur tel ou tel problème. Mais un socialisme substitué à des idées telles que la religion — un tel socialisme était déjà autre chose. A l'instar des salles de détente qui ont remplacé les églises orthodoxes et catholiques, la moindre règle de la doctrine marxiste remplaçait le dogme religieux renversé de ses antiques piédestaux. Le problème de telle ou telle éducation à donner aux enfants se résolvait en Palestine à l'aune d'appréciations et de considérations locales. En Russie la seule approche de ces choses consistait à savoir si la solution proposée était conforme ou non à la théorie marxiste. Les mêmes changements, *ici* étaient tout simplement des variantes, *là-bas* sont forcément des hérésies, appelant forcément une punition pour trahison d'Etat. L'Européen qui ne se lave pas n'est qu'un homme sale : mais l'Arabe à qui sa religion prescrit des ablutions sera en pareil cas un impie.

C'est bien pour cela qu'en Palestine, lorsqu'on parle de sa « partie socialiste », on souligne que dans telles et telles conditions, pour telles et telles missions, la colonisation menée collectivement était un meilleur outil de travail pour la nation, garantissant un progrès plus efficace. Les mêmes personnes vous diront aussi : le système capitaliste nous a donné Tel Aviv, le collectif nous a donné l'Emek. Qu'est-ce que cela veut dire ? Tout simplement que le socialisme est devenu un outil, un parmi d'autres, à la disposition du mouvement national. Il est devenu quelque chose comme un tracteur, un incubateur. J'utilise à dessein ces comparaisons tirées de la ferme car elles reflètent le mieux le rôle du socialisme en Palestine. Loin de moi l'intention de minimiser ce rôle ; ce que j'ai pu écrire ne serait-ce qu'à propos de l'Emek, à propos de l'Histadrout bâtissant en réalisant le mot d'ordre « à chaque ouvrier — sa maison », anéantirait tout ce que je pourrais écrire dans ce sens. Non. Seulement, le socialisme a investi ici un domaine où il pouvait réaliser de plus grandes choses que dans un autre domaine, quel qu'il soit.

« Le collectif palestinien ne s'est pas appuyé sur la contrainte ». Dans toute la Palestine il ne se trouvera pas une seule personne membre d'un kibboutz contre sa volonté. Les gens arrivaient volontairement, partaient volontairement. *Ils sont une foule à être partis*. C'est un fait méritant d'être souligné. C'est un fait dont les gens dans les kibboutzim se rendent bien compte. Ils disent toujours : « La vie au kibboutz n'est pas facile ». De quoi a-t-on donc besoin ? De deux choses : d'un sionisme et d'un socialisme bien trempés. Certains vous diront encore : et d'une prédisposition intellectuelle à vivre en communauté. Cela, tout le monde ne l'a pas, tout le monde n'en est pas capable. Chaque kibboutz a vu passer une foule de gens. Autant que — le noviciat d'un ordre religieux.

Et en conséquence :

Les gens vivant actuellement dans ce système se rendent compte que, imposé à toute une masse de gens, ce serait une galère. Simplement du fait que l'humanité, expliquent-ils, n'est pas encore suffisamment mûre pour de tels idéaux. Parfois, on tombe aussi sur la réflexion que jamais la totalité des gens ne sera prédisposée au communisme économique ; c'est une question d'inclinations qui ont toujours existé et qui probablement jamais ne disparaitront. En la matière, on en arrive imperceptiblement à faire un rapprochement avec une autre forme de collectivisme, qui dure depuis des siècles, qui a su coexister avec un environnement non collectiviste, non moins pacifiquement que l'Emek avec Tel Aviv et qui, partant du communisme universel des origines, a grandi pour devenir un communisme d'individualités d'une élite plus restreinte : le monastère. Malgré les énormes différences séparant un monastère catholique d'un kibboutz, malgré une différence aussi fondamentale que celle, avant tout, d'un complet dévouement à Dieu et non à une idée humaine, ou ne serait-ce que le célibat, j'oserais suggérer que le développement de la vie au kibboutz a, en dépit de toute apparence, davantage de caractéristiques communes avec le monastère qu'avec le kolkhose.

LA POPULATION JUIVE RATTRAPE L'ARABE

Les pièces des maisons de Jérusalem sont profondément retirées à l'intérieur des habitations. Elles avancent loin de leur centre les ouvertures de leurs fenêtres. Il y a là-dedans comme une volonté de se protéger du monde extérieur, du vent froid l'hiver, de la chaleur étouffante l'été. Mais les jours où l'on ne ressent ni l'un ni l'autre, il règne dans ces pièces une paix apparentée à celle des musées ou à celle des maisons patriciennes dans les villes très anciennes et dépeuplées. Jérusalem est une ville qu'on a dite « en habits de veuve » longtemps avant la mort du Christ. Ses ruelles moyenâgeuses qui serpentent furent trop souvent des ruisseaux de sang coulant comme de la pluie. Jérusalem est une ville en deuil. On dirait que de fines particules de ce deuil léthargique, que des siècles de terreur ont décomposé en poussière, pénètrent jusqu'à l'intérieur de cette pièce paisible.

Sur l'étagère en chêne de la bibliothèque je prends au hasard un petit livre aux couleurs passées. En attendant mon hôte qui vient de partir chercher dans d'autres pièces un ouvrage de statistiques, je me réjouis d'avoir quelque chose à feuilleter. Le livre que j'ai en mains s'intitule, ô surprise, *Kollokacja* du vieux Korzeniowski[138]. Pouvait-on s'attendre à tomber ici sur ce monument pré-kraszewskien[139], ce flot de réminiscences vieilles de plus de cent vingt ans ?

A la fenêtre on voit Jérusalem, nous sommes dans l'habitation d'un dirigeant sioniste. Et les feuillets défraîchis du livre, comme si de rien n'était, parlent de la boue envahissant les routes de Volhynie, qu'on fait

---

[138] Józef Korzeniowski (1797-1863) est un poète, romancier et dramaturge polonais, auteur notamment de romans sociaux réalistes à la Balzac, observateur lucide des problèmes de la noblesse polonaise de son époque. Son roman *Kollokacja* (on appelait ainsi un village possédé en copropriété par un groupe de petits nobles), paru en 1847, a pour thème la naissance du capitalisme polonais, destructeur des valeurs traditionnelles de la société. Les personnages représentant la population juive locale y sont omniprésents.

[139] Józef Ignacy Kraszewski (1812-1887) est un écrivain polonais, auteur de plus de 230 romans historiques et sociaux, dont celui de *Morituri* dans lequel il brosse un tableau clair-obscur de l'aristocratie polonaise du 19ème siècle (la traduction française de ce roman est disponible aux Editions BoD : voir références en début de ce livre).

franchir à ces dames dont le berlingot s'est profondément enlisé. Village de Szyszkowce et co-propriétaires, contrats à Dubno, transports venant d'Odessa.

Sans faire le moindre bruit — tant les tapis ici sont moelleux — le président Farbstein est revenu. Il a le même sourire tranquille et serein qu'il arborait en m'accueillant il y a quatre bonnes semaines de cela. A l'époque, à peine arrivé, je fonçais avec mes lettres de recommandation, les yeux fermés, chez le seul Juif polonais siégeant au sein du Sanhedrin suprême des Juifs — l'exécutif sioniste — en tant que délégué de la fraction religieuse des sionistes — le Mizrahi[140].

Et à présent, il va doter tout ce que j'ai collecté au cours de ces quelques semaines d'une dernière armature d'informations.

— Monsieur le Président — dis-je — la chose qui peut-être intéressera le plus mes compatriotes, c'est de connaître la mesure des progrès accomplis par l'émigration juive en Palestine, ses perspectives, ses obstacles ? Combien de population juive est-il possible d'accueillir sur la terre de ses pères ?

— Bien, cher monsieur, à votre service pour toute information... Mais il vaut mieux que ce soient les Anglais qui répondent...

On ne me renvoie pas pour autant chez le Haut-Commissaire britannique. Le Président Farbstein simplement me passe deux gros tomes. Ce sont *Les statistiques de la Palestine mandataire*, Editions officielles du Caire, 1933, collectées par E. Mills, attaché au secrétariat du Commissariat. Nous cherchons et trouvons :

En 1919 (date de la prise d'effet du mandat) il y avait :
- Musulmans : 457 000.
- Juifs : 55 000.
- Chrétiens : 90 000.
En 1931 (date du recensement) :
- Musulmans : 750 000.
- Juifs : 189 000.
- Chrétiens : 90 000.

---

[140] Organisation sioniste religieuse fondée en 1904 à Wilno (aujourd'hui Vilnius, capitale de la Lituanie). Pendant l'Entre-deux guerres, le mouvement fut représenté en tant que parti au sein de la Diète et du Sénat Polonais par le grand-rabbin de Wilno, Yitzhak Rubinstein.

S'agissant des trois[141] autres religions, les chiffres sont clairs et sans biais conséquents. S'agissant des Juifs, je sais déjà que la statistique indiquée est en dessous de la vérité. Les Anglais eux-mêmes m'ont laissé entendre que Tel Aviv compte jusqu'à une douzaine de milliers d'habitants « non stables » ; ce sont des Juifs qui, en raison des strictes lois d'immigration, n'ont pu venir ici autrement qu'en touristes, avec un passeport valable trois mois — mais se maintiennent au pays depuis parfois plusieurs années. Les Anglais comme les Musulmans s'accordent à estimer le nombre des Juifs en Palestine à deux cent mille. Par rapport au moment où l'Angleterre a pris en charge le mandat, et donc sur une période de quatorze années, le nombre de Juifs habitant la Palestine a été multiplié par trois ou quatre. Et le chiffre de 200 000 est-il stable ? Point du tout. Les mois du printemps 1933 ont été des mois d'émigration juive peut-être plus forte que jamais : la crise en Europe, l'hitlérisme en Allemagne, le boom en Palestine, ont fait leur œuvre. Et toujours les statistiques anglaises, encore brutes, imprécises, parlent de 6 000 - 15 000.

Combien émigrent de Pologne ?

De cela, la statistique anglaise se préoccupe déjà moins. D'anciennes statistiques juives indiquent une proportion de 45-49 % de l'émigration totale. Le président Farbstein constate qu'actuellement cette proportion est beaucoup plus importante. (Ce qui m'a été confirmé dans nos consulats).

Mais tandis que je pose ces questions mon interlocuteur m'amène à une autre page des informations du statisticien monsieur Mills. Et voici, développé sur de longues pages, le calcul de l'accroissement comparé de la population juive et arabe. Et voici la prévision assise sur cette base. Ça vaut vraiment la peine de lire les statisticiens !

E. Mills constate ni plus ni moins que :

1) *La population juive double tous les 9 ans ;*
2) *La population arabe double tous les 20 ans ;*

et sans lui laisser le temps de réfléchir à toutes les conséquences qui en découlent — conséquences qui en même temps bousculent toutes les autres ne tenant pas compte de ces chiffres encore ignorés à ce jour chez nous — il assène au lecteur la conclusion de ses calculs. Si l'état actuel

---

[141] *sic.*

des choses ne change pas dans le sens négatif, alors :

3) *Dans vingt ans le rapport des Juifs aux Arabes en Palestine sera de un à un. Il sera équilibré.*

Nous laissons-là Mills. Après ces trois décomptes anglais, tous les autres chiffrages nous tombent des mains. Le président Farbstein continue à m'exposer d'autres considérations chiffrées sur la Palestine. Ce sont là des choses que le statisticien a dû se faire une joie d'enregistrer compte tenu de leur caractère vraiment sensationnel. Les pardès, par exemple, d'une superficie de 32 000 dounams en 1922, sont passés à 110 000 dounams en l'espace de huit années. Et de combien se sont-ils encore agrandis pendant les fastes années 1930-1933 ? En 1922 la production d'oranges était de 1 239 000 caisses. En 1932 — de 3 500 000. Ce pays de la taille de la région de Wilno importe annuellement pour 7 000 000 livres de marchandises...

Mais sur tout ce que j'entends présentement et ce qu'ensuite j'ai encore réussi à piocher dans les deux lourds volumes de Mills — prévaut la perspective de cette année 1953, où le nombre de Juifs en Palestine égalera celui des Arabes. Peut-être que cette année-là, qui n'est déjà plus si lointaine, il ne se passera franchement rien de particulier... mais ce météore, prévu et calculé par l'astronome anglais des évènements démographiques, comblera de toute façon le contenu de ses 365 jours. Ce sera une année historique : pour la première fois, non pas depuis des siècles, mais depuis des dizaines de siècles, il se trouvera un pays où les Juifs cesseront d'être minoritaires. Pour la première fois dans leur ancienne patrie ils vont pouvoir dire aux Arabes : nous sommes ici à égalité de forces. Et pour la première fois enfin ils commenceront, l'année qui suivra 1953, à être majoritaires dans un pays...

Quelle sera la signification d'un tel fait ? Je ne sais pas. Tout calcul basé sur des statistiques est trompeur. Dans leurs écrits sur la Palestine, toute une série d'auteurs se sont appuyés sur des statistiques très arbitrairement choisies. Ce que je cite — ce sont les dernières statistiques officielles anglaises. Sont-elles falsifiées, déformées ? Je ne le crois pas, car je ne vois pas la raison d'une *pareille* falsification. Une telle falsification est en effet éminemment favorable aux Juifs, et en tant que telle doit éveiller l'attention des Arabes et la diriger vers l'Angleterre, sous le gouvernement de laquelle s'effectue cette progression d'Israël. Non. La statistique est-elle une science voyant assez loin pour embrasser aujourd'hui un horizon allant jusqu'en 1953 ? — c'est là une autre question. Mais de toutes les statistiques palestiniennes celle-là est certainement la plus sûre.

Il suffit de se mettre à la place des Juifs, de s'y mettre à travers le prisme du sionisme, pour comprendre ce que représente cette computation millsienne. — *C'est plus que la déclaration Balfour*[142] *!*

Que représentait donc cette célèbre lettre du ministre anglais au « cher Lord Rothschild », annonçant que « le Gouvernement de Sa Majesté envisage favorablement l'établissement en Palestine d'un *home* national juif » ? Cet acte, qui pour les Juifs représente un évènement historique, n'est-il pas quelque chose de falot comparé à ce qui a grandi à partir de lui, quelque chose de minuscule face à ce pronostic clair, explicité, fondé sur des chiffres : « Il arrivera un jour où vous serez aussi nombreux que les Arabes. Cela arrivera en 1953 » ?

La déclaration Balfour fut un grand acte historique. Nous y reviendrons. C'était gratifier d'une lueur d'espoir le sionisme politique. C'était déployer au-dessus de tous les ghettos de la diaspora un grand arc-en-ciel d'espérance. Mais c'était également une de ces nombreuses promesses que prodiguaient à tous vents dans les années 1914 - 1918 les deux clans belligérants. C'était un acte estampillé du Foreign Office, un acte signé par un diplomate, tout entier en circonlocutions diplomatiques, réserves, sous-entendus. Ce qu'a calculé aujourd'hui E Mills, tout un chacun peut le vérifier et le recalculer demain. Ce qu'on voit dans ce pays grandissant à vue d'œil — tout un chacun peut le voir, s'il veut bien venir ici. Ce sont des choses palpables, patentes. Pour *concrétiser* la déclaration Balfour, il a fallu attendre une grande guerre et que l'Angleterre la gagne. Aujourd'hui, pour *inverser* ce que prévoit Mills, il faudrait une nouvelle grande guerre — et la défaite de l'Angleterre.

---

[142] Lettre ouverte, datée du 2 novembre 1917, du Secrétaire d'Etat britannique aux Affaires étrangères Arthur Balfour à Lord Lionel Walter Rothschild, lui faisant savoir que « le Gouvernement de Sa Majesté envisage favorablement l'établissement en Palestine d'un foyer national pour le peuple juif et fera ses meilleurs efforts pour faciliter la réalisation de cet objectif. Il est clairement entendu que rien ne devra être fait qui pourrait porter atteinte aux droits civils et religieux des communautés non-juives existant en Palestine, ni aux droits et statut politique dont bénéficient les Juifs dans tout autre pays ».

Combien de Juifs la Palestine pourra-t-elle encore accueillir ?

Encore une question à laquelle il n'y a pas de réponse assurée. Une seule est véritablement possible : autant de Juifs qu'on en laissera entrer. Ce n'est certes pas le membre polonais de l'exécutif sioniste qui m'a apporté cette réponse. Je me la suis concoctée moi-même, à partir de milliers de réponses les plus variées à cette même question. Mais selon les projections et calculs les plus impartiaux, la Palestine peut accueillir de trois à cinq millions de Juifs. La Palestine avec la Transjordanie. Ce ne sont pas là des chiffres exagérés. Ce sont plutôt des chiffres par défaut.

Présentement, le peuplement et de la Palestine et de la Transjordanie, qui en est séparée par le Jourdain, est encore très faible. Toutes les estimations quant à la capacité d'accueil de la Palestine, estimations datant de quelques années et niant ses possibilités colonisatrices, reposent sur deux hypothèses : que la Palestine sera un pays agricole, que la Palestine ne réalisera pas de travaux d'aménagement hydroagricole « commercialement non rentables ». Il me semble avoir déjà montré à quel point ce sont là de grossières erreurs : la Palestine le plus clairement se développe aussi en tant que pays industriel, un Tel Aviv et un Haïfa en sont des preuves qui sautent aux yeux ; avec son « grand projet » Rutenberg infirme cet argument, semblerait-il irréfutable, que toute industrie repose sur le charbon, charbon qui fait défaut à la Palestine ! Mais si affirmer que la Palestine ne peut être qu'un pays agricole est déjà une grossière erreur, compter qu'en Palestine, comme ailleurs dans le monde, on ne réalisera pas d'investissements « commercialement non rentables » est, comme erreur, une véritable Grosse Bertha. Une telle supposition ignore, avant tout, l'objectif qui a présidé à la colonisation de la Palestine : cet objectif — nous l'avons dit — n'a jamais été commercial. On ne peut comparer la colonisation de la Palestine avec celle de l'Amérique ou de l'Australie. On a colonisé la Palestine sans préoccupation commerciale, et c'est pourquoi on a réalisé un tas d'aménagements hydroagricoles qui n'étaient pas rentables, financés par des fonds ne se souciant pas de rentabilité. Et d'ailleurs… combien de ces réalisations dites « non rentables » le furent, en définitive, largement ?

Dans aucun des chapitres de mon reportage je n'ai craint autant que dans celui-ci que mes paroles ne soient considérées comme dictées par un optimisme exagéré. Je ressens en effet ce que je ne suis pas en mesure de restituer au Lecteur : une énorme distance entre ce que j'ai vu en

Palestine et ce que j'en pensais *auparavant*. A l'époque, mes idées et mes informations sur la Palestine ne différaient pas de celles du Polonais moyen. Diffèrent-elles aujourd'hui ? — aux Lecteurs eux-mêmes d'en juger. Mais si tel est le cas, c'est parce que d'avoir traîné ma bosse de journaliste cinq semaines à travers ce pays a redressé comme avec des pinces d'acier la courbe de mes anciennes idées. Il faut avoir vu la Palestine pour comprendre combien il y a de justesse dans cette affirmation qu'il n'est pas de lopin de terre là-bas qu'on ne puisse un jour mettre en culture. Aujourd'hui, des versants de montagne complets couverts de rochers sont aménagés en petites terrasses, qu'on regarnit de terre et plante de vignes. Sur de telles terrasses s'étendent déjà partiellement les célèbres vignobles du Carmel. Et d'ailleurs... quand quelqu'un me dit : la Palestine, ce sont des sables, dans lesquels même les pommes de terre ne viennent pas — j'ai déjà ma réponse toute prête : « Vous avez raison. Il y a là-bas des sables rouges dans lesquels les pommes de terre viennent lamentablement, en revanche les orangers y poussent et fournissent un revenu à l'hectare trois fois supérieur à celui des meilleures terres de Proszów[143]. J'ai vu également d'autres sables : c'est justement sur eux qu'on a bâti une ville de plusieurs dizaines de milliers d'habitants ». Loin de moi de prétendre qu'on va créer des pardès et des Tel Aviv sur tous les lambeaux de terre, mais j'affirme néanmoins que des gens qui ont déjà su reprendre au désert des latifundia entiers de friches sauront également lui reprendre le reste.

J'étais déjà rentré au pays quand le « Manchester Guardian » a publié que quatre-vingt-dix pour cent de l'industrie pharmaceutique anglaise se fournit auprès de la Mer Morte. La Palestine Potash Co., une importante société à capitaux anglo-juifs, a mis en exploitation depuis à peine quelques années les richesses minérales de ce lac qui en est saturé. C'est, avec la centrale Rutenberg, le plus grand établissement industriel de Palestine — et de même que la centrale Rutenberg, une affaire qui n'en est

---

[143] Les sols lœssiques recouvrant le plateau de Proszowice en Petite-Pologne, terres noires appelées « terres de Proszów », sont réputés pour leur fertilité.

qu'à ses débuts. Les richesses de la Mer Morte, que les Anglais ont également chiffrées, sont inépuisables. La stagnation des marchés européens ne permet pas à la Palestine Potash Co. de se développer à l'échelle envisagée. Ce sont là des choses en attente.

Ce sont des choses en attente, de même que l'orange n'est pas le dernier mot de l'agriculture palestinienne. L'introduction en Palestine du pamplemousse, qui dans le monde anglo-saxon est en train de devenir une denrée de consommation quotidienne, a entraîné la création de pardès de pamplemoussiers. Leur importance comparée à celle de l'orange de Jaffa est encore minime. Mais leur avenir peut être encore plus brillant ; si les oranges ont eu à vaincre en Europe la concurrence italienne (entre parenthèses, cela leur fut facile), la Palestine serait ici concurrencée essentiellement par… la Californie. Tournée qu'elle est vers le marché américain, cette concurrence est moins menaçante. Enfin, il est question aujourd'hui en Palestine de la culture du pamplemousse africain qui, paraît-il, devrait justement convenir aux sols d'une certaine salinité. Grâce à cela le boisement des bords du bassin de la Mer Morte deviendrait-il réalité ? Peut-être… Ce qui est certain, c'est qu'en Palestine il y a une chose au moins dont on n'a pas lieu de se plaindre, c'est du manque d'initiative dans le domaine de l'investissement. J'ignore s'il existe un autre pays où cette initiative soit autant présente. Elle s'est véritablement concentrée dans ce petit pays, comme ces sels et ces chlores, magnésium, et que sais-je encore, dans les eaux de la Mer Morte, rendues lourdes et vitreuses par leur présence… Elle pousse vers cette date lumineuse pour les Juifs : vers l'année mille neuf cent cinquante-trois.

Ce soir-là, j'ai quitté tard l'habitation du dirigeant du Mizrahi. J'ignore si, prenant congé de moi, il se doutait qu'à peine une demi-heure après je me retrouverais dans une pièce où il n'y aurait plus aucune étagère sur laquelle prendre un vénérable roman de Korzeniowski, mais où, en revanche, le démentiel *veto* arabe commencerait à me barrer et briser d'un trait destructeur tous les espoirs juifs…

POINT DE VUE DU JEUNE ISLAM

Si la Palestine est pour nous une grande inconnue en dépit de tout cet énorme et superficiel « battage » concernant la question juive, nos opinions à ce jour quant à l'un des plus importants problèmes de l'établissement juif en Palestine, à savoir le problème arabe, révèlent, elles, une effarante ignorance. Nos esprits simplistes présentent la lutte des Arabes contre la colonisation juive comme le correspondant de leur propre lutte contre les Juifs. Il est vraisemblable que — ainsi raisonnent-ils — les Juifs en Palestine pareillement extorquent son argent au pays, pareillement empoisonnent la race par des mariages mixtes, enlèvent aux ouvriers le pain de la bouche, pareillement ont monopolisé le commerce. Le grand moufti dans la constellation palestinienne c'est l'équivalent du « grand vizir », et les perfides Anglais, à la manière d'une deuxième « *sanacja* »[144], sont justement là pour réfréner les courageux Arabes qui sans cela feraient des Juifs « une seule bouchée ». C'est là bien sûr une présentation caricaturale de ces façons de voir, mais ce sont bien celles qui, à peu de chose près, circulent chez nous. Et elles sont absolument erronées. Le seul fait de comparer l'antisémitisme des Arabes avec le nôtre, l'allemand ou même le russe constitue la plus fatale des erreurs que l'on puisse jamais commettre en la matière. Avant tout, l'antisémitisme arabe n'existe pas en tant que tel et pour lui-même. Ce qu'écrivait il y a onze ans l'éminent spécialiste de la Palestine antique, le père Szymański T.J., prétendant que les Arabes considéraient les Chrétiens comme leurs « frères », et prenaient les Juifs pour leurs « chiens », est un non-sens. Ce que nous appelons couramment l'antisémitisme arabe n'est rien d'autre qu'une partie, et même pas la plus active, la plus véhémente, de cet antieuropéanisme des peuples de l'islam et de l'Asie, que E. Kisch[145] a si excellemment dépeint dans son *Asien gründlich verändert*.

---

[144] Littéralement « assainissement », par référence au régime autoritaire mis en place par le maréchal Piłsudski après son coup d'état en 1926, visant à « restaurer la santé morale de la vie publique », et s'opposant à l'antisémitisme ambiant.
[145] Egon Kisch (1885-1948) est un écrivain, journaliste, reporter de nationalité autrichienne puis tchécoslovaque de l'Entre-deux guerres, d'origine juive, appelé le « reporter fou » ; son reportage *Asien gründlich verändert* (« L'Asie profondément changée ») paru en 1932 décrit avec enthousiasme les changements survenus dans les Républiques soviétiques d'Asie centrale.

— La question juive, telle qu'elle se présente en Allemagne, où j'ai étudié, chez nous *n'existe absolument pas*. — C'est par ces paroles qu'a commencé son exposé le jeune intellectuel arabe, diplômé de l'une des plus grandes universités européennes, et occupant en Palestine un poste très élevé. — De même que pour nous, Arabes, il n'y a pas de « problème palestinien » spécifique et il n'y a pas de « nation palestinienne » spécifique. La colonisation juive n'est pas notre ennemie, *mais seulement un instrument, un des instruments aux mains de nos ennemis.*

C'est là, indubitablement, une façon de voir théorique, mais pertinente et correspondant à l'état des choses. Voilà ce que disent les Arabes : après notre grande époque, qui s'est achevée au moment où les Turcs sont devenus hégémoniques au sein de l'islam, nous avons été un peuple dévitalisé semblable au peuple tchèque après Biała Góra[146] par exemple. Pendant la Grande guerre nous avons combattu les Turcs en échange de la promesse anglaise de nous permettre de nous constituer en Etat indépendant. Nous connaissions nos forces ainsi que celles des Anglais, mais malheureusement nous nous sommes trompés quant aux résultats de la guerre : comptant sur la victoire de la coalition anglaise, nous n'escomptions pas qu'elle serait aussi grande et complète. Nous pensions que la guerre se terminerait par une paix de compromis, où nous réussirions à la fois à rester un Etat tampon entre deux groupes de puissances impérialistes et maintenir grâce à cela notre indépendance, comme c'est le cas du Siam[147] ou de la Perse en Asie.

Comme on le sait, il en est advenu autrement. La victoire sans appel de l'Angleterre (elle ne fut pas si totale en Europe que chez nous) lui a permis d'organiser l'Arabie selon ses plans. Ces plans s'inspiraient de la structure des Indes adoptée après la révolte des Cipayes[148] et avant leur

---

[146] Allusion à la bataille de Biała Góra (« la Montagne Blanche ») qui eut lieu en 1620, à proximité de Prague, pendant la guerre de Trente Ans. Elle opposa le roi protestant de Bohême à une coalition du Saint-Empire et de la Ligue catholique et se solda par la défaite cuisante des protestants. Cette défaite mit fin à l'indépendance du royaume de Bohême et à celle des Tchèques qui ne la recouvrèrent qu'en 1918 avec la création de la Tchécoslovaquie. Elle provoqua aussi le déclin de leur langue au profit de l'allemand jusqu'au début du 19ème siècle.

[147] Ancien nom de la Thaïlande.

[148] Soulèvement populaire survenu en 1857 en Inde contre la Compagnie britannique des Indes orientales ; il fut brutalement réprimé et aboutit à mettre l'Inde sous la coupe directe de la Couronne britannique à partir de 1858.

promotion au rang de dominion. On a découpé quelques Etats qui, plus ou moins utiles à l'Angleterre, sont devenus plus ou moins dépendants d'elle. On a remis la Syrie à la France. A l'Arabie unifiée telle qu'elle était sous les Turcs, on a promis une Arabie Indépendante, et en résultat cela a donné une partition de l'Arabie, « l'indépendance » étant un bluff. Les promesses étaient trop récentes pour ne pas provoquer de réaction auprès des déçus. Cette réaction a contraint les occupants anglo-français à rechercher un point d'appui auprès de la population. On a commencé à rechercher des tribus, des religions, des races « minoritaires » et à s'en préoccuper afin de les jouer contre la majorité arabe.

Ce fut la première lutte d'indépendance arabe, d'une durée de dix années. Les occupants faisaient feu de tout bois : en Syrie on alla chercher des descendants arabisés des croisés et s'efforça d'en faire ce que les commissaires français appelaient joliment *les fils dociles de la France*[149]. On fit de même avec les Maronites, de même avec quelques autres tribus ou même carrément avec des clans arabes. On fit venir des Arméniens ayant échappé aux massacres sous le joug des Turcs et on en fit une minorité. L'Angleterre ne fut pas en reste. En Irak on ressuscita les chrétiens « Assyriens » et on les joua contre les Arabes. On fit de même avec d'autres micro-nations. Les Arabes, au cours de leur histoire, ni n'islamisaient la population, ni ne l'assimilaient. De là des micro-nations et des cultes subsistèrent ici en végétant pendant de longs siècles et on entreprit de baser sur eux l'œuvre de désintégration de l'Arabie.

Ces plans ont complètement échoué. Ils ont échoué parce que la grande majorité de la population sur laquelle on a voulu s'appuyer, les chrétiens de nationalité arabe — sont restés malgré tout fidèles à leur race. Cela concerne dans une moindre mesure les sectes, mais essentiellement les Arabes orthodoxes et catholiques. Les autres « minorités » étaient trop faibles en Arabie pour fournir la base d'une action politique de quelque envergure. Cette manœuvre consolida d'autant plus les Arabes. Cependant cette manœuvre ratée a apporté, on ne peut le nier, des résultats très sérieux dans un secteur de l'Arabie : en Palestine.

Le soutien aux Coptes et aux Assyriens, la création d'une minorité arménienne nationale furent des essais qui avortèrent comme l'irrédentisme breton en France, mais l'ouverture des portes à l'immigration juive, la proclamation d'un *home* juif en Palestine atteignirent, du point

---

[149] En français dans le texte.

de vue des occupants européens, leur but, car cela conduisit effectivement à la naissance d'un groupe de population très fort et très soudé, se positionnant du point de vue ethnique en opposition avec les autochtones. Dans un pays bilingue et binational, les Anglais purent gouverner plus facilement que dans n'importe quel autre. En fonction de leurs besoins, ils pouvaient jouer les Arabes contre les Juifs, et *vice versa*.

Le moment présent en Arabie — poursuivait mon interlocuteur — est ce moment historique où l'attaque anti-arabe a été repoussée sur tous les fronts. Ceux qui ont été les instruments de l'Angleterre, abandonnés aujourd'hui par elle, expient amèrement leur trahison (c'était une allusion aux Assyriens qui furent payés de sanglantes attaques en retour). Toute l'attention et l'effort de la nation se sont tendus jusqu'à Aden et au-delà pour apporter une aide à notre combat en Palestine. Face à Haïfa vous avez peut-être vu Akko[150], Saint-Jean- d'Acre ? Peut-être vous souvenez-vous que c'était la dernière citadelle et le dernier empan de terre arabe auquel se cramponnaient les croisés, les occupants européens d'il y a huit siècles ? Eh bien, la Palestine est quelque chose du genre de cet Akko d'alors...

Je me souviens que mon interlocuteur réfléchit un moment, et dit :

— Il est vrai que les croisades étaient moins bien organisées : elles se bornaient à s'emparer du pays, et non à le coloniser...

Puis il poursuivit :

— Il y a chez nous une profonde réticence envers les Européens, une réticence envers votre civilisation que nous, élevés en Occident, avons examinée de part en part. Il y a chez nous la volonté de vivre entre nous dans notre pays ; nous pouvons cohabiter avec des nations et des religions que nous connaissons depuis des années, mais nous ne supporterons pas la présence d'intrus. Nous les supporterons d'autant moins qu'ils sont justement l'instrument des occupants...

Là commença mon interrogatoire. Je posai à mon Arabe et à ses compagnons, parlant moins bien le français, une série de questions. J'ai noté presque mot à mot leurs réponses.

Question : Est-ce que l'influence des Juifs n'a pas relevé le niveau économique du pays ?

Réponse : Si. Indubitablement. Avant tout grâce à l'apport de capital.

Question : Est-ce qu'en Palestine il n'y a pas eu une influence néfaste

---

[150] Nom hébreu d'Acre.

des Juifs sur la vie morale arabe ? J'ai en tête les reproches de ce type qu'on fait aux Juifs en Allemagne hitlérienne.

Réponse : Sous cet angle, les avis chez nous sont plutôt partagés. Mais le plus souvent on ne leur fait pas ces reproches. Les gens cultivés les contredisent.

Question : Est-ce que les Juifs, comme on le dit en Europe, s'engraissent aux dépens des Arabes ? En d'autres termes, y a-t-il exploitation de l'ouvrier arabe par les Juifs ?

Mes interlocuteurs, très convenables, s'offusquèrent quelque peu. Ils considéraient cette question comme tendancieuse, car c'est une chose connue que les colons juifs paient mieux l'ouvrier arabe que ce n'était le cas chez des propriétaires arabes (ce que les Juifs mettent très souvent en exergue). Je finis par obtenir une réponse négative. Il existe une seule éventualité pour une telle exploitation : s'il venait davantage de Juifs en Palestine, alors ils n'emploieraient probablement que leurs ouvriers.

Question : Y a-t-il risque que les Juifs attentent aux sacralités arabes (la mosquée d'Omar par exemple) ou quelque chose de semblable ?

La réponse fut derechef négative, au motif que les Juifs palestiniens sont indifférents à la religion, ou du moins qu'ils se préoccupent beaucoup plus d'affaires culturelles, politiques, etc. que religieuses. D'autre part, la force du sentiment religieux du peuple arabe (et l'Arabie est une société typiquement fondée sur le peuple, indépendamment des effendi[151] et des citadins) y veille.

Question : Craignez-vous que la Palestine ne devienne un pays à majorité juive ?

Réponse : Oui.

Cette réponse m'étonna beaucoup. A l'heure actuelle le rapport des Juifs aux Arabes en Palestine est encore d'un à trois et demi. Peut-être même encore moindre. Il faut donc que la pression colonisatrice des Juifs soit ressentie comme très forte par la population autochtone.

Question : Ne voyez-vous pas une possibilité d'arriver à vous entendre entre Juifs et Arabes, d'agir de concert vis-à-vis des Anglais, de créer un Etat mixte du point de vue population, éventuellement un canton ou une entité fédérée au sein d'une confédération arabe ?

Réponse : Non. La politique juive de l'Angleterre, vue par les Juifs, est médiane, mais vue par nous elle est fondamentalement prosioniste.

---

[151] Notables.

Une action commune est impossible, les Juifs eux-mêmes n'en voudront pas. Les Juifs ne sont qu'un facteur dans la lutte anglo-arabe, mais ne sont pas l'un des protagonistes.

Question : Si cependant les circonstances démontraient qu'il en va autrement, ne pensez-vous pas qu'on pourrait arriver à un compromis judéo-arabe ? Ne pensez-vous pas, s'il est impossible de vaincre un ennemi comme vous avez écrasé l'irrédentisme copte ou assyrien — qu'il faille alors s'accorder avec lui ?

Réponse : Evidemment ce sont là des choses possibles en théorie, mais irréalistes du point de vue pratique. La seule action conciliatrice du côté des Juifs est leur propagande socialiste au sein de notre peuple. A condition de s'abstenir d'en évaluer le bien-fondé, sachant que le discours sur l'exploitation de nos ouvriers par les riches, force est de le constater, compromet avant tout les renforts sur lesquels s'appuie politiquement et financièrement le mouvement d'auto-défense et de libération arabe. Vous avouerez que ce n'est pas là une « action conciliatrice ».

Question : Si je résume, les Arabes sont pour la lutte avec l'Angleterre et excluent la possibilité d'un compromis avec le seul élément dans le pays sur lequel s'appuie « l'occupation », et qui dispose en outre de finances capables de réaliser la libération économique du pays. Ne pensez-vous pas qu'en empruntant cette voie vous allez devoir en attendre encore longtemps les résultats ?

Réponse : Evidemment. Mais de même que la Grande guerre a chassé les Turcs, de même une autre grande guerre peut changer beaucoup de choses ici...

C'était dit de façon très diplomatique... Il me fallait m'adapter à ce ton. Mais c'est ici que la discussion devenait justement très intéressante :

Question : Très juste. Mais par ailleurs vous m'avez dit que la Grande guerre avait chassé les Turcs pour installer les Anglais. Ceux qui comptent sur une nouvelle grande guerre ne craignent-ils pas que les Anglais à leur tour ne soient remplacés par une tierce partie ? Par exemple... les Russes. Oh, c'est une image, une image... Et que ceux qui viendraient alors seraient bien pires que les Turcs ou les Anglais ? Et répandraient le socialisme avec encore plus de zèle que les Juifs ?...

La lutte n'avait lieu maintenant qu'à fleurets mouchetés.

Réponse : Ceux qui pensent comme vous ne prennent pas en considération le fait que la première grande guerre a appris aux Arabes énormément de choses, et entre autres qu'il ne faut jamais permettre à quelqu'un ni de vaincre ni d'être vaincu complètement.

La discussion s'engageait sur des sujets à propos desquels mes hôtes préféraient ne pas se prononcer précisément. Mais ses grandes lignes étaient suffisantes.

L'émigration des Juifs en Palestine avant-guerre se heurtait à l'antisémitisme. Mais c'était soit un fanatisme religieux, soit simplement une soif de pillage. Cela changea après-guerre. Les espoirs déçus arabes se conjuguèrent avec le constat de la croissance massive des colonies juives, de l'accroissement de leur population par dizaine de milliers d'une année sur l'autre. Le Juif, le vieil antagoniste religieux, devenait à l'horizon un antagoniste national. S'agissant de faire passer les masses arabes d'un antagonisme religieux à un antagonisme national, les Juifs apparaissaient comme la meilleure des passerelles. Et n'oublions pas que les fossés culturels dans la société arabe sont véritablement séculaires.

Que cela diffère des relations chez nous ou en Allemagne !

Les Juifs sont haïs chez nous pour « s'immiscer dans la vie polonaise », pour parasiter commercialement les Polonais, pour prendre la place de leurs concurrents professionnels polonais, et même pour leur aspect physique. Aucune de ces raisons n'a cours en Palestine. Les Juifs ont apporté là-bas leur argent, les Juifs ne s'immiscent pas du tout dans le monde arabe. Ils créent un monde clairement spécifique. Ils veulent créer. On ne peut parler de leur surnombre, car celui-ci ne pèse ni culturellement, ni économiquement, au contraire. L'antisémitisme arabe — c'est quelque chose de complètement différent de tous les antisémitismes, même l'allemand. Ici, cela n'est pas dû à ces jalousies, du type « les Juifs sont partout, les Juifs ont tout », car ce qu'ils ont n'existerait absolument pas sans eux. Il existe ici un antisémitisme qui n'est pas l'ordinaire, mais tout simplement une de ces haines tribales, de ces vendettas nationales, comme celles qui existaient entre les Arméniens et les Turcs, des haines dont les derniers éclats en Europe sont des pays comme l'Albanie et la Macédoine. C'est une composante de la grande xénophobie des Arabes. C'est une haine absolument aveugle. Si l'Européen moyen séjournant en Palestine ne se rend pas compte de son existence à son égard, c'est justement grâce au fait qu'elle se concentre aujourd'hui entièrement sur les Juifs, si bien qu'il n'en reste qu'une maigre part pour les autres. Le terme « giaour[152] » dans tout son sens haineux a été

---

[152] Appellation péjorative, voire insulte, désignant « l'infidèle », le non-musulman, dans les pays de l'ancien Empire ottoman.

remplacé par le terme « Juif ». Cette haine atomise toute théorie à propos de l'antisémitisme palestinien, même professée par des Arabes de l'intelligentsia.

— Savez-vous — m'a-t-on dit — qu'un avion en huit heures peut bombarder toutes les colonies juives ?

J'ai répété ces paroles à des Juifs. Ils se sont contentés de répondre :

— A notre connaissance, les Arabes n'ont pas encore d'avions. Il y a une école d'aviation à Tel Aviv — juive.

Voilà où en sont aujourd'hui les relations entre les deux nations.

LES JUIFS A L'EGARD DES ARABES

Un journaliste français a écrit — et notre presse démocratico-antisioniste (« Przełom[153] ») l'a répété avec joie — que les Juifs préféraient ne pas parler et ne pas penser à la question arabe. Difficile de trouver reproche plus mensonger et plus ridicule. Si chez nous la réflexion politique d'un tas d'officines n'a pas osé s'approprier une approche claire, conséquente et réaliste de questions telles que l'ukrainienne, on ne peut pas en dire autant du sionisme. Au cours de ces quatorze années de mandat sont apparues successivement à l'horizon de la Palestine jusqu'à trois façons de voir la question arabe. Il ne se passe presque pas de semaine sans que la presse juive chez nous n'approfondisse cette question pour la millième fois. Aussi le pire des antisémitismes n'a-t-il osé formuler de reproche aussi manifestement injuste aux Juifs.

L'idée du canton. C'étaient les premières années de la Palestine mandataire, le gouvernement du premier Haut-Commissaire anglais, Herbert Samuel, un Juif qui n'a pas particulièrement rendu service à la cause juive. On a divisé la Palestine, pays monolithique depuis des siècles, en deux parties distinctes : la Palestine proprement dite et un pays à l'est du Jourdain, la Transjordanie, où l'on installa l'un des fils du méritant souverain des Arabes Hussein, Abdallah. Cette idée visait un objectif limpide, rappelant quelque peu le règlement de Hymans[154] pour le litige polono-lituanien de 1921 via la création de deux cantons issus d'une partie des terres du Grand-Duché : un canton lituanien avec Kowno[155], un canton polonais avec Wilno. On orienta l'immigration juive vers une Palestine amputée de la rive gauche du Jourdain, on lui interdit de la façon la plus stricte le canton purement arabe, gouverné par un émir arabe. On pensait ainsi concentrer la population juive sur un espace plus réduit du pays, et circonscrire territorialement la question sensible.

L'idée de la gauche. L'action toute-puissante de l'Histadrout

---

[153] Littéralement « Fracture, charnière, crise… ».

[154] Allusion aux discussions menées sous l'égide de la Société des Nations et de son président Paul Hymans, homme politique belge, ayant pour but de régler un litige au sujet de territoires contestés entre la Lituanie et la Pologne au tournant des années 1920-1921.

[155] Aujourd'hui Kaunas, deuxième ville de Lituanie.

Haovdim et des socialistes palestiniens s'exerçait également sur ce terrain. Alors que la création de la Transjordanie en tant que pays purement arabe n'avait pas calmé l'agitation arabe en Palestine, et qu'en même temps la direction des opérations y était passée aux mains des religieux et des riches arabes, on lança le mot d'ordre de remplacement de la lutte religieuse et nationale par la lutte des classes. L'Histadrout commença à incorporer dans ses rangs des ouvriers arabes. Elle commença à les organiser, à les soutenir dans leurs premières grèves contre les patrons exploiteurs arabes. Néanmoins, malgré un travail très intense dans ce sens, les résultats en sont maigres, la collaboration des deux peuples contre les classes possédantes modeste et, comparée à l'antagonisme judéo-arabe — elle est proprement inexistante. Et pour finir : substituer dans les masses Marx à Mahomet ne garantit encore nullement qu'un jour le mouvement populaire arabe, au lieu d'emprunter la voie de la collaboration avec le prolétariat juif, ne créera pas quelque hitlérisme arabe, où trouveront place à la fois socialisme et nationalisme. Le mémento de l'hitlérisme est pour les Juifs un mémento dangereux.

L'idée de la collaboration. Tandis que la Palestine était en proie à la lutte nationale, mais en même temps regorgeait d'or, la Transjordanie restait un désert de sable. Mais la Transjordanie avait à sa tête un homme qui, parmi les fils de Hussein occupant d'autres trônes arabes, possédait sans doute la personnalité la plus forte, en tous points remarquable. Abdallah avait parfaitement compris que le redressement de son misérable pays est impossible sans collaboration juive, la Transjordanie ne pouvant compter que sur celle-ci pour faire affluer le capital indispensable à la transformation de ses sables en pardès. Au printemps de cette année la question fut posée en conseil du royaume d'autoriser les Juifs à acquérir des terres en Transjordanie.

Aujourd'hui cette question appartient quelque peu à l'histoire. En présence d'indescriptibles hurlements de la part des Arabes de Palestine et d'une très faible résistance de ceux de Transjordanie, non sans le concours très actif des Anglais, les négociations avec Abdallah de Farbstein et de Newman — les deux dirigeants juifs à l'origine de cette idée — capotèrent, ainsi que le projet. La porte de la Transjordanie, où existent encore de vieilles colonies sionistes du temps des Turcs, demeura résolument fermée. C'est là un détail, un épisode dans le déroulement d'une certaine action. Personne ne doute aujourd'hui que tôt ou tard cette porte s'ouvrira. Face à cette misère démente régnant en Transjordanie, sachant que dès le moment où la Transjordanie s'ouvrira aux Juifs le prix des

terres augmentera pour atteindre les niveaux palestiniens et qu'en conséquence le patrimoine de tout propriétaire terrien sera multiplié par un
facteur de sept à dix — à long terme toute la colère (d'ailleurs attisée par
la concurrence) des Arabes palestiniens s'avérera un rempart bien fra-
gile. Cette colère a pu suffire une fois. Mais ce n'est pas fini. Une puissante faction s'est organisée en Transjordanie, qui à chaque occasion ne
manque pas de manifester sa sympathie pour les Juifs. Abdallah jouit
d'un énorme soutien auprès de tout le peuple.

Et c'est là justement, à l'occasion de ce dénouement purement pragmatique, que cette troisième idée s'imposera peut-être ; après ces quatorze années, une seule chose est certaine en Palestine : toutes les attaques des Juifs contre les Arabes ont raté, de même que toutes les attaques des Arabes contre les Juifs. Le seul bénéficiaire de toute cette lutte
a été l'Angleterre. Ces quatorze années ont montré que ni l'éviction des
Arabes de Palestine, ni l'expulsion des Juifs, ne sont possibles, et aussi
que le seul capital susceptible d'aller dans ces pays (en dehors du capital
exploiteur anglais), c'est exclusivement le capital juif. Et enfin : la « me-
nace » par les Juifs des sacralités musulmanes n'a pas davantage de raison d'être que celle des Lieux Saints de la Chrétienté. Les gens émigrant
en Palestine ne le font vraiment pas dans ce but.

Le catholicisme arabe. Je me souviens de mon énorme émotion quand
dans la basilique de Nazareth je n'ai trouvé d'autres inscriptions sur les
confessionnaux que celles en arabe, de cet étrange sentiment de l'éter-
nelle vitalité de l'Eglise, de ses progrès continus, lorsque j'ai entendu les
premiers d'une série de quatorze prêches dans la nuit du Jeudi Saint sur
le Gethsémani[156], prononcés en arabe par un Arabe franciscain, quand
j'ai vu une petite église à Haïfa le matin, un jour de semaine, que blan-
chissaient des keffiehs de Bédouins et rougissaient des fez. Je me souviens de mon sentiment de malaise quand, me trouvant chez des catholiques arabes, ceux-ci m'ont expliqué pendant une heure que, devenus
catholiques, ils ont cessé d'être Arabes, qu'ils sont « des Européens de
culture », qu'ils n'ont « rien de commun » avec « tout ça ». J'ai pensé
alors avec une certaine mélancolie que chez nous, non pas quelque part

---

[156] Oliveraie située au pied du mont des Oliviers à Jérusalem où, dans la tradition
chrétienne, Jésus pria avant d'être arrêté par les gardes du Grand-prêtre Anne.

dans les Confins[157], mais à Słonim[158], d'autres missions non pas éveillent, mais tout bonnement créent de nouvelles nationalités, alors que dans les immenses espaces du Proche Orient... Mais le fait rapporté, bien qu'assez fréquent, reste toutefois l'exception. Les catholiques arabes ont intégré les rangs du panarabisme. S'ils ont renié Mahomet en tant que prophète, ils l'honorent d'autant plus comme un génie national. Cela s'est passé peut-être même malgré et à l'insu des dirigeants catholiques, mais a bel et bien eu lieu. J'ai l'impression que le catholicisme a, en Arabie, des choses à réaliser comme il n'en a encore jamais réalisé sur ce terrain rebelle ; la voie pour y arriver réside dans la totale incorporation du catholicisme arabe dans le courant de la renaissance nationale.

Quelque chose d'analogue se passe avec les Juifs. Dès aujourd'hui, il existe des projets encore au stade du rêve, parce que gigantesques : la fusion du mouvement sioniste avec le mouvement panarabe, l'intensification de la colonisation juive non plus en Palestine seulement, mais aussi en Egypte, Syrie et d'autres parties de l'Arabie. Un pays sans capitaux et sans travailleurs-cadres éduqués n'accède pas vraiment à l'indépendance. L'Arabie ne disposant absolument pas des premiers, et des seconds seulement en très petit nombre, les Juifs lui fourniront l'un et l'autre. Aujourd'hui la réticence des Juifs n'est active qu'à l'encontre des Arabes, demain elle peut être remplacée par une réticence active, que rien ne réfrène, à l'encontre des Anglais.

Ce sont là des choses extraordinairement difficiles à réaliser. Il faut pour cela que les Arabes avant tout comprennent le grand bénéfice qu'ils peuvent tirer d'une union avec les Juifs. Pour cela il faut que les Juifs comprennent que pour eux les seuls interlocuteurs arabes attitrés ne sont pas les spécimens du socialisme arabe, des gens absolument sans importance et sans influence. Seul le grand moufti, seuls ceux qui sont proches de lui, ont voix au chapitre. Ce n'est pas un constat fait de gaîté de cœur, c'est sûr, mais c'est la réalité. On peut s'arranger avec un ennemi avec lequel on a à la fois des intérêts communs et un ennemi commun.

---

[157] Jusqu'en 1939, les « Confins » (*Kresy*) désignaient généralement les vastes régions périphériques orientales de la Pologne, notamment en Ukraine.

[158] Dans l'Entre-deux guerres des Tatares de confession musulmane habitaient les régions du nord-est de la Pologne (Wilno, Nowogródek, Białystok) et disposaient de 17 mosquées (dont une à Słonim) et de deux maisons de prière. En 1936 l'Islam fut même admis au rang de religion officielle en Pologne.

Discuter avec quelqu'un d'autre n'est que stupide illusion, c'est comme si pour négocier avec la Russie en 1933 on négociait avec Kerenski[159] ou les monarchistes. Malgré tout, j'ai l'impression que les relations en Palestine mûrissent peu à peu en vue de cette négociation. Les Juifs comme les Arabes sont réputés pour ne guère posséder la fibre de bâtisseurs d'Etat. Les négociations du président Farbstein et de Newman auraient tendance à prouver le contraire. La politique de l'émir Abdallah également.

---

[159] Alexandre Kerenski (1881-1970) fut membre puis ministre-président du Gouvernement provisoire de la Russie après l'abdication de Nicolas II en mars 1917, et fut renversé par les bolcheviques lors de la révolution d'Octobre 1917.

LA JERUSALEM CHRETIENNE

Le sous-sol de chaque vieille maison dans cette ville de montagnes désertiques et arides est entièrement occupé par une citerne creusée dans le roc ; pendant des mois complets il s'en exhale vers les pièces des étages inférieurs une fraîcheur malsaine, humide. Mais il faut qu'il en soit ainsi : lorsque, inopinément, à la joie exubérante de la rue, tombe une maigre pluie, l'eau s'écoule du toit plat dans la citerne, par des conduites de pierre passant à travers les murs. Ses entrailles vides, profondes, se remplissent ; elle est dimensionnée même pour des tempêtes extrêmes, à décrocher les nuages. Cette ville pauvre en eau s'est créé dans ses sous-sols des réservoirs capables d'engloutir des rivières entières.

Il en va de même avec les pèlerins. Jérusalem est petite, pauvre non seulement en eau, mais aussi en habitations, en population. En revanche elle sait que tous les ans un énorme courant rejettera ici des dizaines et des dizaines de milliers de personnes. Comme ces citernes dans le roc, on a bâti au-dessus du roc des blocs entiers d'hospices, d'hôtels, de refuges, de *palaces*, de bouges. Les ont bâtis des gens pieux et de vulgaires spéculateurs, catholiques et protestants, différents pays et ordres, des Musulmans et des Juifs. A l'entrée du grand King's David Hotel stationne depuis hier une Hispano-Suiza bleu métallisé, arborant un écu avec les armoiries des Anjou et des Stuart, des Bourbons, de la Castille et de l'Aragon, des armoiries qu'on se souvient avoir vues sur des étendards dans les musées, sur des clés de voûte à la jonction des nervures de salles moyenâgeuses ; l'individu fatigué qui est arrivé avec elle est l'héritier de droits, depuis longtemps abolis, à un royaume depuis longtemps aboli de l'Italie unifiée[160]… Mais aux abords du Mont des Oliviers ne stationne pas même une Ford. Aux abords du Mont des Oliviers, contre le mur blanc, élevé, d'un monastère orthodoxe campent des gens pour qui sont trop chers non seulement le King's David Hotel, mais même les moins chers des coûteux hospices, ou pour lesquels il ne s'est pas trouvé de place dans la Ville Sainte. Ils sont arrivés ici en pensant que ça irait tout de même, ou plutôt sans penser où ils iraient et comment. Seulement,

---

[160] Héritier de la maison de Bourbon-Siciles, qui régnait sur le royaume des Deux-Siciles jusqu'à la déposition de François II en 1861 lors de l'unification italienne ?

Jérusalem subit actuellement une « vague de froid » qui non seulement remplit d'eau les vieilles citernes souterraines, mais frigorifie par son vent froid et sa pluie les gens qui dorment au flanc de la colline. Il n'est rien sans doute qui ne vous transisse autant que le froid d'une nuit passée sur cet énorme rocher du Mont. Ces gens sont couchés les uns à côté des autres, les uns à côté des autres — plus rapprochés les uns des autres que ces pierres tombales blanches du cimetière, qui un peu plus bas descend en terrasses dans cette vallée biblique de Josaphat[161]. Peut-être que, empêchés de dormir par la froide rosée nocturne, ils pensent à cette autre nuit, à la sueur froide et mêlée de sang qui perlait sur les tempes de quelqu'un, là-haut dans le jardin du Mont des Oliviers, en ce temps-là...

On nous montre une ruelle étroite dans la vieille ville, se hissant péniblement vers la hauteur : cette ruelle est tout entière en escaliers et dans l'état d'abandon de ses murs de pierre, presque sans fenêtres. Comme si les vieux bouges arabes voulaient l'étouffer, l'étrangler. On nous montre cette ruelle et dit : *via* Dolorosa. Et elle cesse d'être l'une de ces milliers de rues de ce labyrinthe sans doute unique au monde. Et ensuite nous retrouvons tout : jouxtant un bruyant bazar arabe, une chapelle franciscaine, là où l'on ordonna au Cyrénéen[162] de porter la croix... Avec ses parvis blancs, blancs et couverts d'une végétation de myrtes, une maison-église bâtie à l'emplacement de la sentence de Pilate. Nous parcourons les traces l'une après l'autre. Chaque trace est une église, un autel. Ils se sont fait leur place, tels de grandes et vigoureuses pousses, au milieu du maquis de maisons sales de la Jérusalem arabe, qui a construit sur le moindre emplacement libre du rocher chauve du Golgotha. On poursuit, s'égarant, retrouvant de nouvelles choses, familières, de nouvelles traces, qu'on reconnaît. Jusqu'à atteindre un parvis, un petit parvis, un peu comme celui qui se trouve devant notre église Sainte-Anne à Wilno, et qui la sépare de la rue. Mais dans cette ville ramassée, compacte, il donne l'impression d'une place d'une ampleur seigneuriale. Ce parvis par deux longs gradins descend un peu en contrebas ; voici une grande et lourde bâtisse dont l'entrée est surmontée d'une arcature romane. Alors on nous dit : c'est ici. Mais nous le savons déjà. Et on insiste : dans cette église se trouve l'endroit de l'exécution, et c'est aussi ici qu'il y a le Tombeau. On nous le dit. On est ici pour la première fois de notre vie, et pourtant

---

[161] Roi biblique de Juda, au 9ème siècle av. JC.
[162] Simon de Cyrène.

on s'en offusque intérieurement : à quoi sert de le dire. Nous le savons bien que c'est — ici.

Par toutes ces stations de la Passion, qu'on a sauvées de l'envahissement du ghetto arabe, passent maintenant, avant la grande foule, procession après procession, les gens les uns après les autres. Simplement tous les gens, quels qu'ils soient : de toutes les nations, de tous les âges, de toutes les classes. Et de toutes les confessions : j'ai rencontré des Allemands, des luthériens, recherchant les compatriotes de leur groupe d'excursion, perdus dans quelque ruelle ; évidemment, ils ne le retrouvèrent point, sinon à l'hospice. Et voilà que se présenta un groupe de Français ou Belges, avec un prêtre catholique français. Ils le suivirent. Ils écoutaient plus attentivement que les autres les paroles, difficilement compréhensibles pour eux, d'une langue étrangère. Sur les Lieux Saints, ils répétaient les paroles d'une prière étrangère. Ce faisant, ils pensaient certainement être les seuls, les premiers. Mais en ces lieux il en est toujours ainsi, et depuis longtemps.

Le voyage jusqu'à Jérusalem coûte cher, très cher. Les pauvres ici présents, ce sont uniquement des gens venus des régions les plus proches. Ceux qui viennent de loin — en dehors de ceux qu'on attend encore — ce sont surtout des gens moyennement riches et riches. C'est même frappant de voir tous ces visages pensifs, qui justement frappent par leur expression. Ici défile une certaine élite de toutes sociétés.

Me revient quelque part en mémoire l'expression : « la foi vivante du peuple ». Elle apparut, se forgea, à l'époque où l'on opposait à la foi faiblarde, mourante, éteinte, des « classes supérieures », la foi robuste du paysan. Elle apparut et se forgea — mais elle a vécu. Du moins dans les pays d'où viennent ces pèlerins. Car ce sont tous des gens qui en sont revenus. Tous et chacun d'entre eux démentent cette opposition ancienne, périmée, rendue obsolète en l'espace d'une génération. Ils constituent la première colonne de cadres de la génération qui fera passer cette opposition de l'actualité vivante — dans la longue liste des hauts-fonds évités par la nef de Saint Pierre.

Il n'est pas de sanctuaire, de grand, de célèbre sanctuaire en Europe, dont le souvenir ne soit lié à celui de badauds déambulant partout, conquérants, sans gêne, avec leurs jumelles « scrutatrices », leurs kodaks « fixateurs d'impressions ». A Jérusalem il y a une foule de gens. Dans chacune des églises et des Lieux Saints il y a presque des queues, comme en Russie pour le pain. Mais il n'y a pas de « touristes », non il n'y en a pas. C'en est presque étonnant, car tout ça ne demande qu'à intéresser le collectionneur d'impressions. C'est à croire, à en juger par l'ambiance recueillie régnant parmi les pèlerins, que le Haut-commissaire ou une autre autorité palestinienne ont peut-être interdit aux simples touristes de visiter ces lieux. Et c'est parfaitement compréhensible. Ces gens, tous ces gens, *vivent l'Evènement*. Ici tout a changé. Il faudrait perforer de quelques mètres peut-être le revêtement pavé, revêtement qui s'est déposé dessus comme une croûte, comme de la rouille et de la patine, pour toucher de la main le rocher vieux de dix-neuf cents ans. Il faudrait pilonner cet endroit d'un feu d'artillerie d'une violence cyclonique pour anéantir ce qu'on a construit sur le Mont du Calvaire pendant ces dix-neuf siècles. Mais voilà que sont venus des milliers de gens qui sans pioches ni canons ont de nouveau mis à nu le Golgotha envahi de constructions. Pour ces gens il n'y a rien de tout ça. Tout simplement rien. Seule existe Sa Passion.

Le soir, pendant les froides soirées actuelles de Jérusalem, dans les grandes salles des hospices et les grandes nefs des églises la vague des prêches des retraites spirituelles se déverse sur les foules réunies. C'est un peu comme si chez ces gens les problèmes quotidiens, de pèlerinage, que l'émotion sur les Lieux Saints a fondus en un métal liquide, refroidissaient à présent et se solidifiaient en de nouvelles formes. J'estime que cette comparaison rend le plus fidèlement possible ce que je vois ici, en ces jours. Elle peut être littéraire et banale, et ce qu'on voudra, mais elle est vraiment, en plus de tout ça, fidèle. C'est ce qui m'importe présentement. C'est vraiment la même chose que lorsqu'on fond une vulgaire ferraille, rouillée jusqu'à l'âme, ruinée, pour la transformer en métal tout neuf et luisant. Les pèlerins de la Ville Sainte sont de cette trempe. C'est ici justement que l'on comprend tout ce que signifie l'alliance de ces deux mots : le feu et la foi. Oui. Ici la foi est vraiment feu.

DIX-NEUF SIECLES APRES PILATE

Nuit sur le Gethsémani

Il faisait déjà complètement noir, même sur les toits-terrasses plats de la vieille Jérusalem, lorsque nous commençâmes à descendre par une venelle en biais. On arrive tout de suite à la rue Salomon — voie étroite, toute en virages, qui, vue depuis le haut des clochers, ressemble à un cordon détendu étiré entre deux vieilles portes pratiquées dans le rempart dont Soleiman a ceinturé la ville moderne. Il y avait encore de l'animation, mais on avait déjà condamné avec des barres de bois les sombres boutiques des bazars. Il y avait de l'animation et de la lumière venant des lampes des boutiques et des lanternes suspendues sous les arcs de la voûte qui, ici, occultait complètement le ciel au-dessus de la rue. Sur la *via* Dolorosa il faisait noir et il y avait du monde.

Elle traverse d'est en ouest la vieille Jérusalem, presque selon la ligne de plus grande pente. Elle traverse, ou plutôt tombe toujours plus bas par les degrés irréguliers de ses pavés. C'est par là qu'a dû passer le Christ. Nous longeons une petite chapelle à l'endroit où a dû s'approcher le Cyrénéen, nous passons le prétoire et le Lieu de la Flagellation. Mais il fait complètement noir. Sur la droite et sur la gauche, des venelles complètement désertes. Toute la masse humaine marche concentrée sur la nôtre. Individuellement ou par groupes, ou à quelques-uns. Au fond de cette ruelle, au pied de ces maisons hautes, serrées les unes contre les autres, il fait noir. Dans cette obscurité, on ne voit que des silhouettes noires et floues, des silhouettes. Et l'on entend des pas, des pas, des pas. J'ai perdu dans ces ténèbres ceux qui m'accompagnaient, tous s'y sont perdus, et on ne cherche même pas à se retrouver. On ne fait que descendre et descendre dans cette obscurité, toujours plus bas. Comme si, en cette nuit naissante du Jeudi Saint, nous descendions en foule dans quelque noir et ancien souterrain. Les gens se font de plus en plus nombreux. On s'en aperçoit au bruit des pas qui résonne de plus en plus densément, aux bousculades dans l'obscurité, au ralentissement forcé de la marche. Dans l'obscurité de cette descente, de lointains, très lointains souvenirs remontent : c'est par de telles venelles que jadis des gens du Trastevere et de Suburre[163] se rendaient à des agapes nocturnes et à des prêches dans les

---

[163] Quartiers de la Rome antique.

catacombes. Il existe une telle scène avec Vinicius, Croton et Chilon, avec Pierre et Paul de Tarse, dans le *Quo vadis*[164]. — *Quo vadis ? Quo vadimus ? Gethsemani, vadimus hodie*[165], — A Gethsémani.

Nous sommes déjà à l'extérieur des remparts de la ville, il y a plus d'espace, plus de bruit. Des lampadaires au loin marquent le tracé d'une route asphaltée. Les moteurs des voitures y grondent, à la queue leu leu. Sur les pentes du Mont des Oliviers, face à nous, glissent les lumières des phares : c'est là que circule, par une large « autoroute » anglaise, moderne, confortable, tout pèlerin pouvant s'offrir une Buick, une Chrysler ou un taxi. Devant nous, tout illuminé, brille le fronton blanc doré de la basilique, là où jadis se trouvait le Jardin : c'est un point clair sur le fond noir de la colline, c'est également notre but. Ici, en contrebas de Jérusalem, c'est comme si confluaient deux fleuves charriant des hommes : les uns venant de la *via* Dolorosa, les autres de la route grondante d'automobiles. Deux fleuves.

Une église neuve, propre et illuminée. Illuminée par les projecteurs, et pleine. On voit des visages, dont on devine qu'ils sont certainement anglo-saxons, italiens, bavarois (ou encore prussiens ?), slaves. Mais ce n'est là qu'une moitié. S'y mêlent quantité de keffiehs blancs de Bédouins, maintenus en place sur leur tête par une cordelette noire. S'y mêlent des fez arabes rouges, des visages noirs et comme figés d'Abyssins. Et ce qui ressemble à des Chaldéens, des Coptes, des Arméniens, et encore bien d'autres. On se sent comme perdu. A l'autel, l'autel qu'éclairent des cierges jaunes, un prêtre lit l'*Evangile* : selon Luc, Marc, Matthieu, Jean. Il lit très lentement, en s'arrêtant presque à chaque mot, afin que son latin soit compris également de ceux qui n'en connaissent qu'à peine des rudiments, afin qu'ils puissent en suivre le texte dans leur petit livre. Quand il passe au troisième évangile, on a l'impression que ce n'est pas une lecture ordinaire de l'Ecriture Sainte ; que tout ça ressemble plutôt à un gigantesque tribunal venu, bien qu'après des siècles et des siècles, assister à une étrange reconstitution d'un meurtre cataclysmique. Nous sommes sur l'emplacement où se trouvait cette oliveraie d'une ferme périphérique où pénétrèrent, tard dans la nuit printanière, des gardes et des clercs en armes. Et l'un après l'autre les quatre, en tant que

---

[164] Célèbre roman historique de l'écrivain polonais Henryk Sienkiewicz (1846-1916), paru en 1896.

[165] « Où vas-tu, où allons-nous, nous allons à Gethsémani aujourd'hui » en latin.

témoins des faits, nous exposent et transmettent, dix-neuf siècles plus tard, leur témoignage.

Ave Maria, gratia plena, Dominus tecum[166] — reprennent les gens en chœur, égrenant les perles leurs chapelets en bois d'olivier. Ici tout le monde prie. C'est comme si l'on s'emparait des mots de cette prière, les plus humbles, les plus usés par leur usage quotidien. Cela se passe presque en cadence, presque comme un travail exécuté à l'unisson. C'est ainsi que, lorsqu'on construit, on soulève des poutres trop lourdes pour une seule personne, avec un tel ensemble, une telle conscience, qu'il est interdit de la laisser tomber, d'en ôter ses mains. Cette prière nocturne a le caractère d'un tel travail collectif. Comme si ceux-là soulevaient lentement et de plus en plus haut quelque énorme, trop lourd fardeau. Comme si, ce faisant, ce fardeau les avait enchaînés, enchaînés à lui.

Nous écoutons le premier prêche. De ceux qui viennent d'arriver, personne ne le comprendra, mais devant l'autel se pressent tous les blancs keffiehs des Bédouins et tous les fez rouges des Arabes catholiques. Le Franciscain parle en arabe. Il faut deviner ce qu'il dit au travers des hiéroglyphes de ses mots qui murmurent et grondent. Nous savons de quoi il est question — et écoutons. Ensuite c'est le tour d'un Espagnol, puis d'un Français. Ainsi se dérouleront les prêches jusqu'à la fin. Mais je sors et peu après me retrouve aux abords d'un jardin sombre, assez petit. Dans ce pays sans arbres, les Musulmans, qui n'épargnaient pas les vies humaines, ont épargné les arbres. Les projecteurs en éclairent huit ; de vénérables oliviers, déployant leurs branches comme de grands poiriers des champs. D'après la tradition, c'est ici qu'Il a prié. C'est pourquoi ces autres sont venus de la ville pour L'emmener et Le présenter devant le sanhédrin.

Au-dessus du Cédron, qui dans son profond ravin sépare la Ville du Mont — comme il les séparait *en ce temps-là* — au-dessus du Cédron et de la vallée de Josaphat, blanchie par ses tombes dans la journée, perdure une nuit terriblement noire, presque totalement dépourvue d'étoiles, alors que je rentre du Gethsémani. Les gens rentrent par petits groupes, mais la route est très dégagée, très déserte. La ville s'est comme figée ; la nuit à Jérusalem a vraiment le silence des nuits des villes endeuillées. Un groupe de marcheurs me dépasse, parlant une langue qui sans doute

---

[166] « Je te salue Marie, pleine de grâce, le Seigneur est avec toi » : début d'une prière en latin de la liturgie catholique, adressée à la Vierge Marie.

n'est même pas de l'arabe. Vu des remparts de la ville le fronton éclairé de Gethsémani forme une minuscule tache blanche dans le noir. Mais sur la droite, non occultée par le massif du Mont des Oliviers, on dirait qu'une chaîne de sommets commence déjà à se dessiner, à se dessiner très, très lentement, sur le ciel qui pâlit semble-t-il encore plus lentement, et à ses pieds pâlissent des brumes épaisses, qui se lèvent lourdement. Elles se lèvent au-dessus de la Mer Morte, derrière laquelle, derrière l'écran des monts de Transjordanie, le soleil commence à se lever.

On s'endort lourdement, mais difficilement, comme après un mauvais rêve qui vous a fatigué. Quelque chose vous pèse, pire que de la fatigue, pareil à de l'hypnose. Après un moment, on se cache les yeux et détourne le regard de la grande fenêtre du monastère, de l'aube pâle et triste du Vendredi Saint.

Le Chemin de Croix

Depuis ce matin il pleut et il fait froid, ce froid terrible, humide, qui règne à Jérusalem dès que le soleil disparaît ne serait-ce que pour un instant. Depuis ce matin également, des groupes de pèlerins empruntent la *via* Dolorosa pour se rendre au Golgotha. Je rejoins la première station de la Passion. C'est une rue et rien qu'une rue, avec un édifice plus blanc que les autres, celui de l'ancien prétoire. Mais aujourd'hui nous ne ferons que passer à côté, ainsi qu'à côté d'une chapelle que la tradition associe au Couronnement d'épines, et une autre à l'emplacement de la prison, et encore une autre, un peu avant, où est censée avoir eu lieu la Flagellation. Toutes ces petites chapelles, dès le matin bourrées de monde. On ne peut s'imaginer tout ce monde, cette espèce de tension avec laquelle on se lève au petit jour, afin d'arriver « à l'heure ». Je suis avec un groupe de pèlerins espagnols. Je comprends très peu de ce que dit avec emphase et une voix de stentor le *conducilore*[167] espagnol, un franciscain, qui rappelle devant chaque station ce qui s'y est passé il y a dix-neuf siècles. Mais bien sûr qu'on comprend, autant que de besoin. Ces chose trop grandioses et trop denses pour tout langage humain, quel qu'il soit, les seules à l'égard desquelles même la merveilleuse et superpuissante simplicité du latin apparaît trop fade et trop déficiente — ces choses sont le mieux rendues par ces accents ibérico-romans, qui pourtant ne semblent pas romans. On trouve en eux quelque chose qu'on ne trouve nulle part

---

[167] Sans doute *conductor*, « guide » en espagnol ?

ailleurs, et qui sans doute fait le plus défaut sur ce *véritable* Chemin de Croix, quelque chose comme un effroi, un decrescendo de la voix, son crescendo presque à la hauteur d'un cri de douleur, quand on parle de ce qui s'est passé ici. Ce n'est pas du chagrin, il n'y a pas ici de pieux soupirs, emprunts d'une gentille résignation, comme lorsque, dans quelque petite église paroissiale là-bas, on défile devant les quatorze stations comme on égrène les perles d'un chapelet de prières. Il n'y a pas ici ce qu'il y a toujours là-bas, nécessairement — le sentiment d'une énorme distance, de deux énormissimes distances : celles du Temps et de l'Espace.

Il y a foule, il pleut maintenant à verse, nous avançons encore plus lentement. Nous avons à présent dépassé l'endroit où Il est tombé pour la première fois sous le poids de la Croix, celui où Il est tombé la deuxième fois, et celui où les gardes ont fait venir le Cyrénéen. Dans cette rue qui se hisse jusqu'au sommet du Golgotha coiffé de l'église des croisés, nous avançons, peut-être à cinq, peut-être à sept personnes. Les stations se succèdent les unes aux autres. Nous approchons de plus en plus du Tombeau. C'est vraiment étrange — mais c'est comme si, nous déplaçant d'une station à l'autre, d'une trace à l'autre, nous étions sortis de nous-mêmes, de ce « moi » que nous sommes, et aussi de notre temps et de notre âge. Comme si nous nous rapprochions de plus en plus de *tout ça là-bas*. Une fois par an à Naples, au cours d'une messe, revit de la même façon le sang, desséché et gardé dans une ampoule, d'un évêque martyr du 6ème siècle de la chrétienté. Mais ici, maintenant — il se passe quelque chose d'autrement plus important. Mais aussi quelque chose de très simple, que depuis sa chaire tout curé nous enseigne dans toute paroisse du fin fond du monde, et dont parle le plus naïf des missels : voilà que plus rien ne nous sépare de la Passion du Seigneur. Dans la pensée et les prières s'infiltrent de quelque part l'atroce lassitude du Condamné conduit au supplice et la curiosité hostile de la populace déchaînée, et l'impuissance de ces très peu nombreux, et toute la crainte sacrée mais horrible de ces instants. Cela s'infiltre en nous et nous remplit. Cela s'infiltre par le truchement de vieux souvenirs, des récits de l'*Evangile*, que tant de siècles ont foncièrement défraîchis. C'est aussi gris et pitoyable, et livide que ce dépôt de rouille roussâtre au fond de l'ampoule de cristal de Naples. Et de la même façon — non ! plus somptueusement, plus puissamment, plus formidablement — cela bouillonne en nous, se soulève, gonfle, s'ensanglante et s'empourpre de la rougeur nouvelle, encore plus vive, d'un Sang venant à peine d'être répandu.

Tous ont franchi maintenant le passage étroit, sous des arches, menant à ce modeste parvis devant l'église du Saint-Sépulcre, édifiée par Godefroy de Bouillon[168]. Je ne sais pas moi-même comment et pourquoi je suis resté dans cette rue, j'ai perdu mon groupe d'Espagnols, et un autre d'Allemands, et encore un autre, derrière lequel marchaient des Noirs — allez-donc savoir combien il en est passé ! Vers la fin, la *via* Dolorosa se fait plus libre et plus dégagée. Elle redevient une de ces nombreuses venelles étroites et sales. Comme partout et telles que partout, des femmes à moitié voilées portent de l'eau, cette eau si terriblement précieuse ici, dans des outres de cuir noir, et dans des « jerricanes » métalliques pour l'essence automobile. Elles glissent sur ces pavés mouillés par la pluie et recouverts d'une boue gluante. Il fait gris et sale. Mais on est là, regardant ces pierres étroites et tordues du revêtement pavé arabe. On regarde et on les voit, gluantes et presque noires de cette saleté humide. Le regard cherche ici des traces qui n'existent plus depuis très, très longtemps, mais dont non seulement on sait, mais aussi on sent qu'elles se sont imprimées *ici*, marquant le Chemin du Golgotha du sceau indélébile des sanglantes taches du martyre.

Le Chemin de Croix à Jérusalem le jour du Vendredi Saint c'est l'expérience tragique d'un autre Chemin, mais c'est une expérience sublime. Le spectacle de l'église du Saint Sépulcre, de l'emplacement regroupant à la fois le Tombeau lui-même et l'endroit de la Crucifixion est un spectacle monstrueux. C'est un spectacle terrible. Il est indiciblement, ineffablement douloureux. Ce qui se passe ici aujourd'hui ne pourrait être inséré que dans un film impie de propagande antireligieuse de l'URSS.

L'église a été édifiée par Godefroy de Bouillon à l'emplacement de la basilique de Constantin. Ce qui est construit ici l'a été par les croisés, à cette époque où la chevalerie de l'Occident est partie tout entière défendre les Lieux Saints. En témoigne jusqu'à ce jour la merveilleuse arcature romane latine de la façade, authentique dans sa fruste beauté. Quelqu'un a dit un jour fièrement aux Turcs que cette église repose non seulement sur un rocher, mais aussi sur l'acier de glaives de preux. Le sultan Omar l'a compris — et a édifié sa splendide mosquée sur des

---

[168] Chevalier franc, un des principaux chefs de la première croisade (1095-1099), il devient souverain du Royaume de Jérusalem, s'attribuant le titre d'« avoué du Saint-Sépulcre ».

ruines qui ne soient plus revendiquées par aucun glaive, les ruines du temple de Salomon. Mais au dix-neuvième siècle, au travers de ces piliers d'acier des glaives de soldats, s'est glissé insidieusement l'or jaune grec, remplissant l'église à ras bords.

A force de marchandages, traité après traité, ruse après ruse, en ces temps où Pétersbourg pesait sur Istamboul, et le Calvaire, et le Tombeau, et quasiment toutes les sacralités de l'église des croisés sont passés aux mains de l'Eglise orthodoxe. Dans leur intérêt — mais aussi celui, bien qu'indirectement, de toute la chrétienté — jetons un voile pudique sur l'histoire de ces années de prédation... Jetons-le par charité, car cette même Eglise, il y a peu de temps encore toute-puissante grâce à son or et ses appuis, est frappée de plein fouet non seulement par ce qui se passe en Bolchevie, mais aussi dans le Sanctuaire qu'elle s'est approprié.

Dans une grande rotonde, sous la coupole, au centre de l'église se dresse, haute peut-être de quatre mètres, une construction en marbre rose donnant sur le brun ; on a recouvert de ses dalles la grotte où Joseph d'Arimathie s'était préparé son tombeau. C'est une chapelle latine et baroque, mais toute sa partie haute est occupée et occultée par des icones saintes, de piètre qualité artistique, mais nombreuses, serrées l'une contre l'autre — orthodoxes. Des dizaines et des dizaines de lampes, des dizaines de cierges allumés, les éclairaient. Les murs sont noircis par la suie. Tout cela pris ensemble — je ne sais moi-même pourquoi — m'a rappelé les images des temples bouddhiques davantage que la merveilleuse Laure de Petchersk[169]. Je n'ai pas reconnu l'Eglise orthodoxe. Ni les orthodoxes. C'était avant une de leurs messes et ils remplissaient l'église — qui bourdonnait gaîment de discussions dégénérant en rires. Les religieux et les femmes, ainsi que les Arabes dans leurs keffiehs, riaient. On avait étalé des nattes au pied du Tombeau et sur ces nattes des tas de gens piqueniquaient gaîment, adossés au Tombeau. En quelques endroits on réchauffait des choses sur des réchauds. A proximité de la chapelle des Coptes, insérée dans la paroi du Tombeau, des enfants couraient d'un pilier à l'autre, sous l'œil admiratif de leurs mères assises à côté. Ça puait la fève, le gras, le poisson, l'olive, tout ce que qu'il y a sur les étals arabes. J'observais les visages de ces gens pour essayer de trouver ceux qui priaient. Je n'en ai pas trouvé.

---

[169] Monastère troglodytique orthodoxe de Kiev, disputé entre l'Eglise orthodoxe russe et l'Eglise orthodoxe d'Ukraine depuis le conflit de 2022.

Dans la Cathédrale orthodoxe de la Trinité[170] on trouve véritablement toute la beauté, la fière et à la fois humble beauté du style et de la liturgie byzantine. On voit des icones qui ne sont pas des horreurs et des gens qui ne sont pas venus voir un spectacle gratuit. Au Tombeau on pourrait croire que ce ne sont pas les mêmes personnes. Et c'est probablement le cas. — Ce sont des Grecs — disait d'eux avec mépris le батюшка[171] russe. Effectivement, c'étaient des orthodoxes grecs d'ici, ou des Arabes orthodoxes. Ces gens passaient la nuit et le jour dans l'église, la nuit jusqu'au matin. J'y étais la nuit, quand cette foule attendait la cérémonie de la « bénédiction des feux ». Il paraît que cette cérémonie tire son origine, comme beaucoup d'autres d'ailleurs, d'anciens rites païens. Il paraît aussi que pour ces gens c'est la plus importante cérémonie de la Semaine Sainte. Cela montre clairement pourquoi ces gens sont des païens. Ce n'est pas une différence de culture, ce n'est pas une différence de rites, une différence dans les dogmes, qui nous séparent, eux et nous. Ce n'est tout simplement qu'une différence intériorisée de croyance. Ce sont des païens de rite chrétien. On dira que s'exprime ici l'aversion du catholique pour l'orthodoxe, un complexe dû au rituel, tout ce qu'on voudra. On dira que dans cette expression se loge une certaine propension journalistique au paradoxe. Si on voyait ce qui s'est passé dans cette église en ces jours saints !

Sur cette église, la plus misérable au monde, la plus maltraitée, plane encore une autre malédiction : ce n'est pas pour rien qu'elle est le seul toit sous lequel se rencontrent encore tous les rites — ou du moins les principaux. Cette absence de maître règne ici dans tous les coins, ses nefs ont été divisées et découpées par des frontières, le temps a été divisé en heures attribuées aux uns et aux autres. Dans ce partage de l'héritage de la chrétienté se prolonge celui des soldats romains, ces soldats qui quelque part en ces lieux se disputaient les habits arrachés au Condamné.

Les policiers anglais veillent à maintenir l'ordre parmi ceux qui se pressent vers la petite et étroite cellule du Tombeau. On y descend et se retrouve devant une dalle de marbre blanc, polie par des baisers, baisers

---

[170] Pendant le mandat britannique cette cathédrale a appartenu à l'Eglise orthodoxe russe hors frontières.
[171] « prêtre » en russe.

de ces gens qui campent dans l'église. Elle recouvre le caveau du Tombeau, taillé dans le roc. Et alors quelque chose se produit, comme si à l'extérieur des murs de cette chapelle étriquée n'existait pas ce sanctuaire rempli du tumulte de gens se bousculant pour avoir une place et je ne sais quoi encore, se disputant et plaisantant, mangeant et dormant. Comme si n'existaient pas ce tohu-bohu et ces dissensions, et ces disputes, qu'à présent des Anglais blasés arbitrent à la place des Turcs. Tout ça n'existe plus !

Après un moment, au signal donné par le religieux orthodoxe veillant auprès du Tombeau, nous sortons. Dans l'église, rien n'a changé. Des gens se bousculent, qu'il faut même écarter, un Arabe propose une place sur « une couche » aménagée sur des nattes en dessous des arcades qui entourent la rotonde du Tombeau. Il y a trente-deux « couches » : ce sont d'étroits réduits déjà bourrés de peuple. Pour une nuit et par personne l'Arabe demande la moitié d'une livre, et descend jusqu'à vingt piastres. Cela correspond à quinze - seize zlotys. — *Très curieux, très curieux*[172] — assure-t-il. Des touristes prennent des photos au flash. A la sortie des « gardes » arabes du sanctuaire, se réchauffant près d'un brasero, jouent tranquillement à quelque jeu… D'une chapelle aménagée à l'étage du dessus, là où se dressaient les Croix, proviennent des chants gutturaux, à demi-sauvages pour nous. Mais à présent un voile est tombé, nous séparant — de tout ça.

Resurrexit[173]

La grand-messe pontificale devant l'autel mobile en argent installé à l'entrée du Tombeau, tire à sa fin. Le jour est lumineux et le soleil brille, d'autres gens sont là. C'est un office digne et silencieux, et plein de sens, il règne un grand silence, rempli de cette dévotion.

Toute l'église déborde d'un monde fou. Des groupes de pèlerins allemands à côté de Polonais, des Italiens à côté de Français, des Espagnols, des Anglais. Lorsque les orgues se taisent, on n'entend presque rien. La

---

[172] En français dans le texte.
[173] « il est ressuscité » en latin.

messe se déroule, puis vient la résurrection[174] avec la procession. Les *kawas*[175] des consulats défilent en tête, habillés à l'orientale, frappant lourdement de leurs cannes ferrées les dalles de pierre du pavement. Traversant la foule, la procession tourne trois fois autour du Tombeau, brillante de la blancheur des surplis, rayonnante de la dorure des chasubles.

Te Deum.

Dans l'atmosphère grise des encensoirs, ce chant exalte la victoire, triomphale, assurée, porteuse d'une douce allégresse. *Ressurexit sicut dixit*[176]. *Alleluja, alleluja.* La *via* Dolorosa et le Vendredi Saint, et ces trois jours de Semaine Sainte — tout ça se consume ici avec cet encens, se disperse par le monde avec les accents victorieux de l'hymne. Les lourdes cloches de l'église sonnent, elles sonnent à toute volée chez les franciscains, les bernardins, sur le mont Sion[177], sur le Mont des Oliviers. Elles sonnent plus fort et plus vigoureusement, sonnent véritablement *urbi et orbi*. Par cette radieuse matinée dominicale elles se portent au-dessus des montagnes que blanchissent leurs rochers, des vertes collines et des rocailleuses routes champêtres de la plus lointaine périphérie de Jérusalem. *Resurrexit, ressurexit, ressurexit.* Les vieux oliviers sur le Gethsémani écoutent la nouvelle.

---

[174] Cérémonie de l'église catholique annonciatrice de la résurrection du Christ, marquée par une procession, si possible autour de l'église, ayant lieu traditionnellement au petit matin du dimanche de Pâques.

[175] Du temps de l'Empire ottoman, gardes du corps chargés de la protection des ambassadeurs, consuls et autres diplomates de passage en Palestine ; ils se sont reconvertis depuis en un genre de gardes suisses au service des Eglises de Jérusalem.

[176] « Il a ressuscité comme il l'a dit » en latin.

[177] Colline au sud-ouest de la vieille-ville de Jérusalem.

DES ROUTES SI RADICALEMENT DIFFERENTES

Das wirkliche Deutschland[178]
Un troisième compagnon est venu se joindre à nous le cinquième jour de la randonnée pédestre que j'ai effectuée dans les colonies de Palestine du nord en compagnie du jeune Juif Aria Buchner. Nous l'avons rencontré de bon matin à la sortie de Tel Or, alors que le fracas des eaux du Jourdain tombant dans les gueules grandes ouvertes des turbines de la centrale électrique Rutenberg assourdissait encore les premières paroles que nous échangions. C'était un jeune garçon, âgé de vingt-trois ans au plus, se rendant chez ses compagnons d'un collectif sioniste, un kibboutz, au-delà de Tibériade. Mais il n'avait pas du tout le type ouvrier, un peu lourd, des halutzim palestiniens. Du reste il était dans le pays depuis à peine un an, originaire de Berlin. C'était pour moi, dans son genre, une sensation, non seulement en raison de ce qui se passait à l'époque (avril 1933) en Allemagne, mais tout simplement parce que j'avais rencontré très peu de Juifs allemands jusqu'à présent. Nous avons marché ainsi à trois pendant pratiquement une demi-journée, empruntant la route qui passe au beau milieu de la vallée du Jourdain.

Il s'avéra que ce nouveau compagnon connaissait la Pologne. Il y était allé en voyage organisé, avec un groupe qui séjourna trois semaines chez nous. Le jeune Juif découvrit alors Varsovie, Wilno, et même Białystok. Mais il découvrit encore une série de toutes petites, comme il disait, localités, dont il cita quelques exemples : Kutno, Sochaczew, Nowe Miasto, Mława[179]. Je m'étonnais : qu'est-ce qui pouvait bien attirer un touriste à Mława, sans doute le premier touriste étranger là-bas ?

— *Wir suchten das religiöse Judentum*[180].

C'est ainsi que commença le récit du jeune Juif. Pas le moindre instant il ne prit le caractère d'une confession, dans le style des épanchements russes, faciles et « grandioses ». Tout était raconté avec la seule intention de faire comprendre à cet étranger, qui s'était rendu jusqu'aux rives du Jourdain pour connaître les Juifs, les raisons faisant qu'un collectiviste palestinien, kibboutznik, socialiste et sioniste avait cherché toutes les

---

[178] « La véritable Allemagne » en allemand.
[179] Petite ville de Mazovie, où vivait une importante communauté juive.
[180] « Nous recherchions le judaïsme religieux » en allemand.

autres routes avant de trouver cette dernière.

Dans son récit, il y avait des choses que j'avais déjà devinées. Ce jeune homme avait en soi quelque chose qui respirait à la fois le bien-être et une culture soignée, plurivalente. En outre, il avait l'air, comme on dirait en Allemagne, d'un garçon *von der guten Kinderstube*[181]. Les détails de son récit m'apprirent que sa *Kinderstube* se trouvait à Berlin, dans la maison d'une famille habitant le Brandebourg depuis des générations, appartenant à la riche bourgeoisie industrielle. Le père était mort pendant la guerre, gazé sur le front occidental. La mère se retrouva seule, sans doute avec un patrimoine conséquent, le narrateur n'insistait pas spécialement là-dessus, mais ne le cachait pas non plus. Elle se retrouva avec ses deux fils, dont l'aîné était justement mon nouveau compagnon.

Les parents ne faisaient plus partie d'aucune communauté religieuse. Les enfants avaient à Noël leur petit arbre. Un sapin, garni d'ouate argentée et de boules de verre, c'était là un reliquat de religion étrangère en milieu assimilé, qu'on maintenait pour les enfants à l'âge des jeux de construction et des soldats de plomb. Ces soldats de plomb allaient encore jouer auprès de ces petits Juifs un rôle sans doute rarement dévolu aux soldats de plomb : voilà qu'un jour, à cet âge justement, le bambin entendit dans une conversation d'adultes ce mot incompréhensible de *die Juden.*

— *Mama, was sind das — Juden ?*

— *Billige Bleisoldaten ; deine sind viel, viel bessere*[182] — répondit la mère pour satisfaire sa curiosité.

Les premières années au collège berlinois, bien que l'on fût encore loin de l'hystérie actuelle, apprirent aux enfants à peu près tout à propos des Juifs et du judaïsme. L'école où apprenaient les deux garçons concentrait un très gros pourcentage de fils de familles juives riches et assimilées de Berlin. En septième de lycée, ces jeunes garçons, dans les maisons desquels on avait évacué depuis longtemps les derniers vestiges de leurs origines sémitiques, se sentirent Juifs de toute la force de leur âme. Chez ces garçons — couvés dans la propreté, le confort et le luxe, préservés du contact avec les Juifs avec un souci au moins égal à celui de

---

[181] Littéralement « de la bonne école maternelle », autrement dit : de bonne éducation, bien élevé.

[182] « — Maman, c'est quoi — des Juifs ?

— Des soldats de plomb bon marché ; les tiens sont bien, bien mieux ».

les préserver de tout ce qui pourrait nuire, à leur santé par exemple —
s'éveilla une nostalgie inattendue, une envie de retour à la religion de
leurs pères, devenue complètement étrangère pour eux. Nous voulions
revenir à elle, tout en restant des gens cultivés de notre temps — me dit
notre compagnon à cet endroit de son récit. Ils font donc des voyages en
Pologne, car ils avaient entendu beaucoup d'histoires proprement fantas-
tiques à propos de son ghetto, qui n'existait plus en Allemagne. Je me
souviens l'avoir entendu souligner à ce moment-là qu'il s'agissait pour
eux du ghetto religieux (*religiös*). Ils visitent des Mława, des Sochaczew,
des héders[183] et des yeshivas[184]. Ils discutent avec de vieux rabbins et
leurs étudiants, avec les jeunes de leur âge, avec lesquels ils ne peuvent
plus trouver de langage religieux commun. Il nous racontait qu'on les
regardait moitié avec méfiance et moitié avec curiosité. — *Dann aber
kehrten wir zurück ; in dem Ghetto war nichts zu suchen*[185].

Ce socialiste prononça ces dernières paroles avec une conviction très
profonde, mais aussi comme à regret. Ces jeunes, qui en 1926 avaient
fait le voyage de Berlin à Mława, ne se quittèrent plus après leur retour.
Etudiants, ils deviennent l'âme d'une association qui, à l'allemande, allie
les caractéristiques d'organisations à vocation historico-touristique
d'une part et idéologique d'autre part. Elle s'appelait — je ne garantis
pas l'exactitude — Deutsch-Jüdisch Wander-Verein[186]. Je me souviens
en tout cas que dans son appellation il y avait *deutsch-jüdisch*, et que
mon interlocuteur m'avait même souligné la priorité donnée à ce *deutsch*
par rapport au *jüdisch*. Et donc à l'assimilation. Une assimilation — mais
avec un certain fondement idéologique. L'assimilation des fils se voulait
quelque chose de différent de celle des pères, avec leurs sapins de Noël
et leur absence de référence aux Juifs. Dans le cadre de cette organisation, et au-delà, ils déployèrent une action d'envergure auprès de la jeunesse. C'était là un gros effort collectif pour colmater cette fissure, encore inexistante pour eux à l'époque de la *Kinderstube* et des *Bleisoldaten*, mais qui grandissait avec eux pour former une fente de plus en plus

---

[183] Ecole élémentaire juive.
[184] Ecoles dispensant un enseignement religieux supérieur (Talmud, Torah, formation des rabbins…).
[185] « Mais après nous sommes rentrés ; il n'y avait rien à chercher dans le
Ghetto »
[186] « Association germano-juive de randonneurs ».

large sur la paroi jusqu'à présent unie de l'assimilation sociale germano-juive. Nous avons ainsi survolé, en suivant pas à pas ses phrases hachées et synthétiques, toute la période estudiantine d'un garçon riche dans l'Allemagne de ces dernières années. Se confrontant à une vague d'antisémitisme toujours plus puissante. Et soudain, au bout de ce long cheminement sur la voie de l'assimilation, route toujours plus étroite et dispersant toujours moins les ténèbres qui s'épaississaient autour d'elle — une grande lumière. Le militantisme social. Marx. On y trouvait tout : et la justification des luttes qu'ils menaient contre le chauvinisme, et la justification sociale du travail. Les causes du mal, les voies du salut. (Il ne disait pas cela explicitement, mais j'ai senti qu'à l'époque lui comme tous les autres avaient commencé à chercher quelque excuse à leur propre richesse face à la misère d'autres). — Ma mère nous aimait beaucoup et nous donnait tout ce que nous voulions. Mais quand il fallait de l'argent pour le journal que nous éditions à l'époque, pour les travaux de l'organisation, nous devions laisser entendre que c'était pour régler des dettes dans des boîtes de nuit.

Le marxisme ne fut qu'une étape transitoire pour tout le groupe et les deux frères. Une scission — ou plutôt une séparation — rejeta une partie vers le communisme. Une autre vers le sionisme. Au printemps de 1931 le groupe sioniste était en Palestine. Il devint l'embryon d'un kibboutz allemand.

▧▧▧▧▧

Dans ce récit, empreint finalement d'une immense simplicité, il y avait cependant des accents et, pourrait-on dire, des sous-entendus ou nuances, que malheureusement le compte rendu le plus fidèle et le plus soigné ne pourra saisir, car cela nécessiterait le talent d'un romancier. Déjà à l'entendre parler, et ensuite quand, ayant pris congé de lui, nous avons tourné à gauche en direction des toits rouges de Degania, j'eus l'impression que tout ça éveillait en moi un vague étonnement, un certain « ah, c'était donc comme ça ? » et en même temps certaines réminiscences, elles aussi encore mal définies.

1. Ce jeune homme s'est trouvé, pourrait-on dire, seul pour la première fois de sa vie lorsqu'il nous a rencontrés. Jusqu'alors toutes ses

réactions morales, tout ce qu'il faisait, toutes les évolutions idéologiques et les crises par lesquelles il était passé dans sa vie, tout cela il l'avait vécu en groupe, collectivement. Que ce soit le recours à la religion, le retour à l'assimilation, le socialisme, le sionisme — tout cela il l'avait vécu en compagnie *d'autres*.

2. Ces jeunes gens de mon âge, d'un autre pays et d'une autre nation, ont été saisis comme par le démon socratique[187] du docteur Judym[188], mais dans un certain sens positif et non seulement négatif, sous la forme d'un impératif moral, d'une obligation. Cet impératif les ballotait littéralement dans différentes directions, et finit par détruire leurs familles et leur maison. Il leur a permis de tout quitter avec cette imperturbable tranquillité que j'avais devinée chez mon compagnon occasionnel, de tout quitter sans l'ombre d'un conflit avec soi-même, de tout quitter comme on quitte des vêtements usagés ou des livres dont on ne partage plus l'esprit. Ce jeune homme se rendait parfaitement compte de ce qu'ils étaient, lui et son frère, pour sa mère ; mais pour eux deux, sans doute, elle était avant tout la mère aux *Bleisoldaten*[189], celle qui donnait plus facilement de l'argent pour les bamboches que pour leur journal. Ils la quittèrent avec cette grande et imperturbable tranquillité existant chez les enfants partant dans les ordres, et qui, du moins pour moi, a presque toujours en soi quelque chose d'une cruauté sous-cutanée.

Et cependant ce ne sont pas ces deux points qui m'ont le plus frappé. C'est plutôt que, sur cette route champêtre menant de Tel Or à Tibériade j'avais rencontré, *le premier dans ma vie*, un jeune homme, de mon âge, venant d'Allemagne, de l'Occident. J'avais entendu parler d'eux et lu énormément de choses sur eux. Je savais — depuis très peu de temps — que leur classe sociale, la même que la mienne, n'avait pas été sujette à cette paupérisation de la guerre qui avait eu lieu chez nous. On nous apprenait qu'il régnait là-bas une immense, complète, liberté, dans tous les domaines et pour tous. On nous avait accoutumés à penser que c'est un monde sans tempêtes ni grincements, aménageant l'existence comme

---

[187] Le démon de Socrate lui conseillait ce qu'il ne devait pas faire, mais pas ce qu'il devait faire.

[188] Héros altruiste du roman « Les Sans-abri » (*Ludzie bezdomni*) de Stefan Żeromski (cf. note 108), paru en 1900 ; Judym renonce à une brillante carrière de médecin pour s'engager dans l'action sociale au bénéfice des pauvres gens.

[189] « soldats de plomb ».

l'intérieur d'une habitation : avec le souci du confort, préoccupé uniquement de profiter rationnellement, au mieux et le plus joyeusement possible, de toute la beauté de la vie. Liberté démesurée, « facilité » des rapports sexuels. Et soudain, après tout ça, j'entends une telle relation, vivante, détaillée, de la part de l'un des ceux à propos desquels on écrivait cela. Et tout ce qu'il dit va à l'encontre de ce que l'on écrivait. Toute cette jeunesse, celle au premier plan du récit, et celle au second — les hitlériens — peu importe d'ailleurs laquelle, ce sont quand même des gens dont les préoccupations vitales sont *l'inverse de ce que l'on nous a dit*. Je me rappelle parfaitement que ce qui a frappé le plus un de mes amis lecteur de *L'Amour camarade* de Bedel[190], ce n'est pas que *chacun a sa chacune*[191], mais tout simplement que pour chaque *couple*[192] il y avait au moins — *une auto*. J'étais fondé à penser le plus sincèrement que mon compagnon pouvait l'avoir eue — et peut-être même l'avait-il eue — et je pouvais constater que l'auto et le reste c'étaient des choses qui comptaient pour rien sur l'échelle des valeurs de sa jeunesse.

D'après le récit du jeune Juif, tout un cratère de forces antagonistes, destructrices mais aussi créatrices, entra soudain en éruption. Peu importe ce que c'était, comment cela s'appelait — régénération religieuse ou athéisme, pacifisme ou militarisme, communisme ou nationalisme. Dans l'Occident, que nous voulions voir serein et « immuable », là juste à notre porte, bouillonnait quelque chose qui avait droit, plus qu'il y a un siècle, à l'appellation de *Sturm und Drang Periode*[193].

Le jeune Juif allemand, socialiste et sioniste, était déjà, quand nous l'avons connu, quelqu'un ayant derrière soi toute une période de cette tempête. Il avait alors déjà trouvé ce qu'il cherchait, et n'aspirait pas à découvrir de nouvelles routes. Je pense toutefois que s'il pouvait, présentement justement, prendre en main *Les Confessions* de Saint Augustin, il retrouverait dans ce petit livre, en particulier au début, énormément

---

[190] Maurice Bedel (1883-1954), médecin écrivain français, prix Goncourt en 1927 ; son roman « L'Amour camarade » parut en 1931.
[191] En français dans le texte.
[192] Id.
[193] Littéralement « Période de la tempête et de la passion » : le *Sturm und Drang* est un mouvement littéraire préromantique allemand de la deuxième moitié du 18ème siècle, exaltant la liberté, l'épanouissement de l'individu et le retour à la nature.

de lui-même, et de la route de ses compagnons. Enjambant l'abîme des siècles et des objectifs.

A daemonio meridiano[194]...

Il y a encore de cela dix-neuf ans exactement, et même beaucoup moins, monsieur Simon K. n'eût jamais imaginé qu'il ferait des oranges un usage aussi invraisemblable et exotique que de les planter. Mais il y a dix-neuf ans de cela, c'était juste l'année 1914, et à l'époque monsieur Simon était comptable chez un de mes parents à la campagne. Tous les jours après avoir déjeuné il traversait fièrement la cour, déjà en branle depuis longtemps, et se mettait au travail dans une grande pièce, proprement blanchie et passablement vide, où l'hiver il faisait frisquet en raison des constantes insuffisances du poêle, et l'été bien chaud avec « pléthore de mouches », bien que le village fût situé en Podolie[195] et non en Lituanie. Et invariablement, printemps comme automne, il y remplissait de sa petite écriture soignée les complexes rubriques des livres de comptes. Et tous, au domaine et à la ferme, et également dans les environs, non seulement l'estimaient, mais aussi l'aimaient sincèrement. On considérait monsieur Simon comme un travailleur fiable, rigoureux, comme une personne tranquille, dévouée à la famille. Il aurait pu demeurer dans cette maison jusqu'à sa mort, et certainement aussi longtemps qu'il l'aurait voulu, s'il n'y avait eu la guerre et tout ce qui s'ensuivit. Monsieur le comptable réussit finalement à sauver sa peau et se retrouva en Pologne. Il travailla pendant quelques années dans un grand domaine aux abords de Przemyśl[196]. En 1924 ou 1925 il se pointa chez son ancien « patron » à Varsovie et annonça qu'il partait en Palestine.

— Comment cela ? — demanda mon oncle quelque peu étonné. — Et qu'allez-vous faire là-bas ? Apprendre la comptabilité aux Arabes ?

— En Palestine on donne des terres à coloniser — se mit à raconter le comptable — dix hectares par famille...

— Et vous allez labourer, semer, récolter ?

Monsieur Simon acquiesça.

---

[194] « Du démon de midi » en latin.

[195] Région située à l'est de la Moldavie, aujourd'hui intégrée majoritairement à l'Ukraine.

[196] Cette ville du sud-est de la Pologne actuelle, à la frontière ukrainienne, comptait près de 30 % de Juifs en 1931.

— Et avez-vous, une fois dans votre vie, touché à une charrue ?

Monsieur Simon, à ce qu'on raconte, acquiesça également — mais d'une voix très incertaine. Il y avait cependant quelque chose dans ces réponses qui fit qu'on cessa de l'interroger.

— Bon — dit mon oncle — puissiez-vous connaître meilleure fortune que chez nous ! ...

Et monsieur Simon partit. Il écrivait que les pommes de terre coûtaient cher, mais que les oranges étaient très bon marché. Que dès avril il faisait une chaleur tellement lourde que même en juillet il n'y avait jamais rien de semblable en Podolie.

Puis il cessa d'écrire, ou peut-être ne lui répondit-on pas. Peu d'années se sont écoulées depuis, mais beaucoup de choses ont changé. Il aura fallu enfin que quelqu'un de la maison où monsieur Simon avait travaillé si longtemps se rende personnellement dans ce pays, dont certains se moquaient, et duquel d'autres ont fait pour la deuxième fois *une terre promise*.

Je suis assis avec monsieur Simon devant sa maison, dans la petite colonie récente de Nahalat Yehuda[197]. La maison est comme toutes les maisons d'ici appartenant aux petits colons privés établis sur les terres du fonds national, seul un de ses murs s'est épaissi à sa base en une banquette paysanne blanchie à la chaux — la même que celles qui existaient jadis en Podolie, à la différence près qu'elle donne sur le nord, et non sur le midi. Au cours de ces deux heures nous nous sommes dit tout ce qu'il est possible de dire. Depuis le temps, je ne me rappelais plus du tout à quoi ressemblait monsieur Simon ; à présent, en le regardant, cela me revient peu à peu. Il a dû beaucoup changer ; il est certain qu'à l'époque il n'avait ni ce visage fortement hâlé, presque cramoisi, ni une chevelure si blanche, pareille à celle des personnes âgées. Seule chose, il paraît plus alerte qu'avant. Avec sa femme, ils s'enquéraient de leurs vieilles connaissances, si nombreuses, — et ce faisant, de plus en plus fréquemment, couvraient d'un long silence leur privation. Il revenait toujours à un nom,

---

[197] Localité située à une dizaine de kilomètres au sud-est de Jaffa.

interrogeait encore et encore à propos d'une chose. — Quel dommage, monsieur… ah, quel dommage… Et ensuite il me montra son jardin, plein de petits orangers, au tronc grêle et au feuillage touffu d'un vert éclatant, à peine un mètre au-dessus du sol. Et le système d'irrigation, et tout. Mais il ne m'emmena pas dans les champs car ici, disait-il, je n'en verrais pas de semblables à ceux d'Ukraine. Nous évoquâmes sa situation financière ; on pourrait dire à ce propos que monsieur Simon s'avéra le meilleur des comptables lorsqu'il acheta une place sur un bateau en partance pour Jaffa. Aujourd'hui il est riche. La terre qu'il acheta à six livres en vaut maintenant trente-huit dans ces parages. Les orangers donnent bien, les pamplemousses encore mieux. Oh, on est bien à présent à Nahalat Yehuda… mais il n'en fut pas toujours ainsi.

Nous prenons le thé sous les arbres, mes hôtes racontent. Lors de leur établissement en 1924, il n'y avait rien ici. Quelques arbres et des dunes. Et un puits. Le puits était déjà là. Le Fonds National Juif établit une quinzaine de familles à Nahalat, donna de la terre, un peu de matériel, du soutien. La terre est restée propriété du Fonds, mais les colons peuvent l'exploiter comme s'ils en étaient propriétaires, seule sa vente est réglementée par le Fonds, pour éviter la spéculation. Ils n'ont pas le droit d'employer de la main-d'œuvre de louage. Ils ont donc travaillé seuls, avec les enfants. Tout cela est l'œuvre de leurs mains. Monsieur Simon en arrivant ici avait quarante-neuf ans, dont trois, pénibles, de révolution russe et de guerre. Monsieur le comptable, qui avait passé ses années de jeunesse et celles dans la force de l'âge sur une chaise de bureau, penché sur ses livres de comptes ou sur l'état des stocks, monsieur le comptable qui arrivait au travail vers les neuf heures, à présent se levait à quatre heures du matin et fouissait pendant de longues heures la colline de sable rouge. C'est lui qui, ici, planta plusieurs centaines d'arbustes, creusa les fossés d'irrigation, les bétonna, construisit une étable, laboura, sema, récolta. Ce Juif, qui longtemps encore après son exode de Russie éprouvait une secousse nerveuse à chaque bruit inattendu, fût-ce un claquement de porte lui rappelant des coups de feu, ici montait la garde les soirs avec son fusil. Il parlait de tout cela comme d'une chose tout à fait naturelle. Il me montre de la main la colline derrière laquelle, lors des derniers troubles, ils se défendaient contre les Arabes. Ses mains sont lourdes, rappelant le court tranchant d'une houe. Je suis certain qu'elles étaient complètement différentes lorsque, pendant vingt années, elles ne faisaient que déplacer les légères boules de bois sur les tiges d'un boulier.

Monsieur Simon continue à raconter son affaire, mais moi je pense à quelque chose de totalement différent de ces relations d'une vie, qu'après avoir traîné quatre semaines dans le pays, je connais d'après des dizaines d'autres récits similaires. Non, ce n'est pas cela qui m'intéresse. Ce que me dit monsieur Simon, tout colon d'ici me le racontera. Mais monsieur Simon peut me dire aussi quelque chose qu'aucun jeune halutz ne me dira. Pratiquement tous ceux qui partaient pour la Palestine étaient de jeunes gens. Tous ceux qui sont venus ici se coltiner les sables pour cultiver, le rocher — pour irriguer, les Arabes — pour avoir la paix, ont amené les prémices de leurs forces juvéniles. Cet homme, lui, avait presque cinquante ans de vie derrière lui. Mais ce n'est pas encore tout ce que pourrait me dire l'ex-comptable. Je me souviens très peu personnellement de lui, mais d'après les relations orales de parents je connais son profil moral de ces anciens temps : ce n'était ni un casse-cou, ni un spéculateur, ni quelque tête-brûlée idéaliste. C'était un individu ordinaire, tout simple, mis à part qu'il était réglo et consciencieux à l'extrême. Il aurait fait un parfait petit fonctionnaire. Je sais qu'il pouvait avoir son emploi assuré jusqu'à la fin de sa vie dans ce domaine près de Przemyśl. Ce n'est pas tout. J'ai vu des gens de l'âge de monsieur Simon qui, comme lui, avaient perdu tout ce qu'ils avaient gagné dans leur vie à cause de la révolution russe. Des très riches et des moyennement riches. Sans doute plus riches que l'ex-comptable ? Possible. Mais la richesse de monsieur Simon était une richesse gagnée beaucoup plus péniblement, acquise avec un apport d'énergie beaucoup plus important. Et ces autres, ils en sortaient si souvent complètement laminés ! Il est vrai que certains d'entre eux ont fait leur chemin, certains accomplirent de vrais miracles dans les pires conditions. Sans pour autant se précipiter aux confins du monde, se transformer en simples colons, en paysans à dix hectares. D'où cet homme a puisé sa force pour réaliser une telle métamorphose ? Et non seulement pour tenir le coup dans de telles conditions, mais aussi pour vaincre ?

Je finis par lui parler de tout ça. Je dis une chose, la remplace par une autre afin de mieux m'exprimer. Je veux qu'il me réponde sur un ton non pas sérieux et héroïque, mais avec simplicité, bonhomie. Et donc, pour changer de registre, je termine ainsi : — Chez nous, les catholiques, il y a une vieille tradition, remontant au Moyen-Age. Les religieuses, qui priaient Dieu en latin de les protéger de ce diable qui tente à l'heure de midi, la connaissaient. *A daemonio meridiano* — disait cette prière en latin. On croyait à l'époque que c'est à midi que survient pour l'homme la plus grande tentation. Le midi ce n'était pas seulement le midi de la journée. C'était aussi le midi, l'âge médian, de la vie. Alors les gens les plus tranquilles sont confrontés à quelque chose qui fait que soudain ils changent tout. Quelque chose les fait courir, les ballotte…

Disant cela, je suis sûr que monsieur Simon adoptera ce ton mi badin, mi sérieux que je veux lui faire prendre. Que niant la force du *daemon meridianus* il me dira par là même ce qui l'a malgré tout poussé jusqu'ici, et comment. Quelle n'est pas ma surprise quand l'ex-comptable me répond le plus tranquillement du monde :

— Et peut-être bien qu'il y a quelqu'un comme ça ?...

Cela me déstabilise quelque peu. Je ne savais pas qu'il y avait des mystiques parmi les sionistes. Voyant sans doute ma perplexité, monsieur Simon me prend la main — mais non, ce n'est pas tout à fait ce qu'il a voulu dire.

Cela dit, il se met à raconter. Jeune, il avait déjà entendu parler de la Palestine. Les Juifs de Pologne y partaient depuis longtemps avant la guerre. A Petah Tikva, une vieille colonie, il y a trois Juifs venant de Cudnów[198]. Le propriétaire d'un certain hôtel de Jérusalem est le fils d'un Juif de Polonne[199]. Monsieur Simon s'en souvient. Eux étaient partis. Lui — avait peur. Il avait peur et a pensé que ce n'était pas pour lui. Son père lui fit faire des études et l'orienta vers la comptabilité. A l'époque c'était un très bon gagne-pain. Il sentait d'ailleurs que cela lui convenait bien.

Monsieur Simon poursuivit en me racontant qu'il avait quitté un bon emploi quand il eut la conviction que le propriétaire du domaine vivait trop dispendieusement. Il était jusqu'à l'excès à la recherche de choses sûres. Il plaçait son argent dans des lettres de créance les plus sûres. Jamais chez les gens. Pouvait-il y avoir plus sûr que des lettres de créance ou du papier de l'Etat ?

Et monsieur Simon fit un geste désabusé de la main.

Il me raconta l'arrivée des premiers troubles antisémites dans la petite ville où il s'était réfugié en 1917 ou 1918. Il me raconta qu'il avait été déjà tellement abruti par ce qui s'était passé avant qu'il ne se cachait même plus. Il a un nom qui n'est pas juif, ne ressemble pas à un Juif, il réussit à s'en sortir. Mais lui-même n'avait rien fait pour ça. Au moment où il me racontait cela, les évènements de l'année 1918 étaient éloignés

---

[198] Petit village de Mazovie.
[199] Ville actuellement située en Ukraine, où les Juifs constituaient 30 % de la population avant la seconde guerre mondiale.

de quinze ans et de milliers de kilomètres, et pourtant dans ses paroles tremblait encore comme un écho de la consternation qui chez lui avait anesthésié même la peur du pogrom. Monsieur Simon était à présent assis devant sa maison en Palestine, mais s'étonnait encore, comme s'il n'était pas encore complètement certain de l'avenir. Qu'un Etat si important, qu'un tel gouvernement et qu'un tel pays, sûr, vivant en paix, puisse soudain...

J'avais compris. Ce que l'ex-comptable de Podolie ajouta après cela ne fit que confirmer ma résolution de son énigme.

La révolution russe se fit révolution dans la vie de Simon K. non pas parce qu'elle le déposséda de ses économies de vingt années et qu'elle éreinta ses forces du fait de ses péripéties. Cette révolution accomplit en lui quelque chose de bien plus important que la simple annihilation de certains acquis, l'amoindrissement de son pouvoir économique. La révolution brisa en Simon K. *la croyance en la certitude de quoi que ce soit*. Encore aujourd'hui, en Palestine, en l'année 1933, cet homme se demandait et me demandait : pouvait-il y avoir quelque chose de plus certain, de plus sûr, de plus durable, que la Russie tsariste et son régime ? Il croyait jadis en elle, comme aujourd'hui d'autres, souvent des compatriotes de monsieur Simon, croient en une autre Russie. Visiblement, ce pays a le singulier privilège de jouir d'un crédit moral auprès des gens, bien qu'on ne puisse nier qu'il lui arrive de temps en temps de se déclarer en faillite.

Revenons à Simon K. Son absence de croyance en la certitude de quoi que ce soit pourra paraître un phénomène extraordinairement rare ; la majorité des gens, qui jadis croyaient en la pérennité du rouble, sont passés plus tard à la croyance au dollar, changeant l'objet de leur croyance, sans pour autant cesser de croire. Simon K., avec son scepticisme absolu à l'égard de toute certitude, peut faire office de *panopticum*[200] des conséquences de la révolution.

L'ancien Simon K. n'avait dans son psychisme rien d'un spéculateur. Il se sentait absolument inapte à toute chose risquée. Il voulait être sûr, absolument sûr. Il avait escompté qu'un travail consciencieux dans son métier lui apporterait tout le nécessaire. Il l'avait escompté avec la compétence et l'infaillibilité de sa profession de comptable. En pure perte.

---

[200] Le « panoptique » est une construction imaginée par le philosophe anglais Bentham pour observer les détenus d'une prison sans être vu soi-même.

Si monsieur Simon accepta cet emploi près de Przemyśl, ce n'était pas qu'il crût encore à l'époque en quelque certitude. C'était simplement pour gagner du temps en vue de changer complètement de vie. Dans le classement des gens qui, à leur façon, ont tiré pour eux les conséquences les plus exhaustives des changements intervenus après-guerre, monsieur Simon devrait revendiquer une des premières places. Il a accompli un retournement complet. Dès lors qu'il n'y a pas de choses certaines, il n'y a pas de choses incertaines. Dès lors que le monde appartient aux casse-cous, aux banqueroutiers d'hier, à ceux qui n'ont plus rien à perdre, il faut reconquérir le monde en suivant leurs traces.

Monsieur Simon n'a pas dit tout ça sous cette forme, mais tel était le sens de son propos. Cet homme possédait une excellente mémoire, mais une imagination très étroite — Il se souvenait avoir eu — il y a vingt-neuf ans de cela — le choix entre deux routes : la Palestine risquée, la Russie sans risque. Il emprunta l'une, fit demi-tour. Et sans en chercher d'autres, emprunta la seconde. A présent cette route ne lui paraissait plus incertaine. A présent, après avoir vécu deux années de chamboulement, elle ne lui paraissait plus trop risquée ni difficile. Toutes les forces qui jadis avaient étouffé en lui la nostalgie instinctive des Juifs pour l'Eretz Israël avaient cessé d'agir.

Je craignais de rater le dernier autobus pour Jaffa, et il me fallut donc prendre congé. Une fois encore monsieur Simon me pria de répéter cette légende du démon de midi. Au dernier moment toutefois, et la Palestine, et tous ses problèmes disparurent pour nous ; nous nous serrâmes la main en personnes sachant, se rendant compte, qu'ils faisaient là leur dernier adieu non pas à une autre personne, mais à tout un monde d'individus, de travaux et de croyances irrémédiablement disparus.

Les routes

Du côté de la mer un long rempart de montagnes protège Jérusalem. Il la protège mal, car jusqu'à présent se dressent sur quelques hauteurs les ruines cyclopéennes de châteaux ou de tours de guet, dont personne ne sait plus s'ils ont été édifiés par les Sarrasins ou les croisés. Depuis les sommets les plus hauts, toute la chaîne ressemble à un amas de gigantesques et monstrueuses carapaces de tortues abandonnées et se chevauchant les unes les autres sur leur pourtour. Il a une couleur grise, livide, tirant légèrement sur le marron. Tel un ruisseau qui ne s'assècherait pas même sous les plus grandes chaleurs, à travers serpente le ruban brillant et violacé de la route. C'est comme ça dans toute la Palestine. J'ai l'impression qu'en partant tôt de Jérusalem avec une bonne auto, on pourrait dans la journée traverser ce pays dans toutes les directions, passer à Jérusalem, Jéricho, au bord de la Mer Morte, Bethléem, Hébron, Jaffa et Tel Aviv, de là se transporter vers le nord, passant par Nahalal et Afula jusqu'à Haïfa et de Haïfa continuer sur le nord jusqu'à Nazareth et Tibériade. Les touristes exigeants admirent l'asphalte des routes palestiniennes. Tous les voyageurs rendent à cet égard un hommage unanime à la sainte autorité de la Grande-Bretagne bâtisseuse de routes. L'administration anglaise baisse alors modestement la tête : on peut effectivement assurer que les routes sont vraiment excellentes, pour le revêtement des principaux axes on a utilisé le même asphalte que pour la route joignant l'Ecosse au Pays de Galles.

Mais l'administration britannique se trompe. L'asphalte des routes allant à Jérusalem et Haïfa (où un seul tronçon s'avère vraiment catastrophique, pour que, dit-on, la route n'enfonce pas complètement le train) est complètement différent des asphaltes des autoroutes écossaises et galloises. Et aussi de tous les asphaltes du monde.

Il y a quatorze ans de cela, ces routes aujourd'hui omniprésentes n'existaient nulle part, et il y a onze ans on envisageait à peine l'éventualité de construire quelques tronçons indispensables aux objectifs militaires. Les gouvernements turcs avaient laissé à la Palestine des routes héritées de Soliman et de Richard Cœur de Lion. Les plans anglais s'étaient fracassés contre un invincible écueil : le manque de main-d'œuvre. La paresse des Arabes s'allia aux premières expériences de *no cooperation*. En même temps, les professionnels déclarèrent que le travail de construction de routes en Palestine dépassait les forces de l'ouvrier blanc, sans compter que l'homme blanc dans les pays de couleur ne peut pas travailler sur des routes. La première de ces déclarations n'était pas exagérée ; il fallait tailler les futures routes dans les montagnes, à des altitudes atteignant mille mètres. Certains jours d'été, l'agence Cook suspend les excursions sur ces trajets : la chaleur émanant de la roche brûlante est insupportable, même dans un autocar de luxe, protégé du soleil et ventilé. Mais ce qui est vraiment dangereux, ce sont les changements de température. Ils se produisent tout à fait inopinément ; de derrière une arête rocheuse, un flanc de montagne, va soudain souffler un vent glacé, soulevant des rafales d'air froid venant de profondes vallées. Les nuits ne sont pas fraîches, mais glaciales. Il y a aussi le manque d'eau ou encore le danger de la malaria qui, il y a dix ans encore, était à l'origine de 30-60 % de l'ensemble des décès en Palestine.

Les jeunes Juifs s'engageaient dans la construction de routes. Tout le monde se souvient à quel point on était dubitatif quant à l'engouement des Juifs pour les travaux agricoles. On ne croyait ni à cet engouement ni à leurs aptitudes à ce travail. On ne croyait pas qu'ils travailleraient dans les champs. Et eux entretemps travaillaient sur les routes. Ce n'était pas là, en aucune façon, un sacrifice au bénéfice de la Grande-Bretagne. Au contraire, le travail sur les routes était un enjeu politique pour le sionisme. Les Juifs avaient parfaitement compris l'action « anti-routes » des Arabes : ne pas construire de routes c'était pour les Arabes se protéger du retour d'Israël, c'était s'assurer la possibilité de pogroms sans craindre un secours rapide et efficace venant des villes. Les Juifs suivirent les traces de Rome, qui enchaînait les provinces conquises dans les fers de chaussées en dur.

On a réalisé la majorité des routes palestiniennes en six ans. C'est précisément cette période qui est passée dans l'histoire de la Palestine comme une période de crise. Les raisons en étaient diverses. Avant tout, l'appauvrissement d'après-guerre de l'Europe centrale et de l'est, joint à la fermeture à l'émigration des Etats-Unis, ont orienté vers ces régions une émigration juive — mais non sioniste — piètres éléments à tous égards. En même temps, les riches colons juifs préféraient embaucher l'ouvrier arabe, moins exigeant et moins cher. La Palestine, de cette façon, restreignit l'immigration juive aux couches aisées. Pour ces deux raisons s'amorça dans ces années une ré émigration juive. Mais ce n'était pas là le plus dangereux : le pire, c'est que les ré émigrants revenant dans les pays de la diaspora répandaient le doute quant à l'entreprise palestinienne et son avenir. L'idée du sionisme en prit un coup. Tout ce qui existait la pilonnait, avec tout ce qui lui tombait sous la main. Les communistes et les chauvinistes, au nom de l'Internationale et au nom du nationalisme.

Je n'ai pas vu la Palestine à l'époque de la construction des routes. Ceux qui les construisaient sont descendus dans les vallées, et cultivent maintenant la vigne et les oranges. Il m'est peut-être difficile de pénétrer le psychisme de quelqu'un travaillant sur les routes. Mais il m'est encore plus difficile de m'abstenir, tel que je connais ce pays, d'exprimer la conviction que, si dans ces années de crise profonde de l'idée palestinienne celle-ci a pu se maintenir, c'est grâce aux routes, de même que d'autre part ni les grosses chaleurs, ni le froid et la pénibilité du travail n'ont été les plus importants obstacles pour les halutzim.

Car ces gens *savaient* ce qui se passait dans les vallées. Ils savaient que ces éléments qui y avaient trouvé « trop peu » de bénéfices et « trop » de travail fuyaient la Palestine, ils étaient au courant des machinations spéculatives des riches colons. Ils savaient bien, également, que le mouvement migratoire de la diaspora commençait à se dégonfler, à se tarir, et peut-être même à s'effondrer. Que dans leur propre milieu, celui des meilleurs éléments de la colonisation, il en périssait toujours davantage avec chaque mois de travail, avec chaque kilomètre de route.

La réaction à une telle situation ne pouvait apparemment qu'être celle du soldat qui sur le front sent derrière lui, dans le pays, le désordre et le défaitisme. La Palestine connaissait l'exemple de Saint-Jean-D'acre — la dernière citadelle des croisés, qu'ils ont abandonnée à l'islam non pas à cause d'assauts ayant duré deux ans, mais lorsqu'ils se convainquirent qu'en Europe grandissait l'indifférence quant au sort de de la Terre Sainte.

En 1926, quand le flux d'immigrants atteignit son minimum, des femmes se présentèrent pour travailler sur les routes. Quelques mois plus tard, elles étaient déjà des centaines. C'était là toute la réaction. Mais à partir de ce moment le ré émigrant le plus défaitiste ajoutait, dans les pays de la diaspora, encore une chose à propos de la Palestine — il parlait de ces routes, des halutzim, des jeunes filles. Sur fond du lugubre tableau qu'il colportait, sur fond d'une situation désespérée, plus noire que la plus noire des destinées à Bródno[201] ou aux Nalewki, émergeait de ces propos un autre Juif, incompréhensible. Et petit à petit la figure de ce nouveau Juif, complètement incompréhensible, attelé à la construction de routes, commença à tout occulter de la Palestine, même tout son passé, même le Mur des Lamentations. La présence de ce Juif en Eretz devint en fait la chose la plus importante. La Palestine, pays rêvé d'une vie meilleure, se muait en un tableau de dur et pénible labeur, allant jusqu'à l'héroïsme. Mais avec ce tableau elle monta pour la deuxième fois dans

---

[201] Quartier de Varsovie qui possédait l'un des deux grands cimetières juifs de la capitale. Saccagé lors de la seconde guerre mondiale et laissé plus ou moins à l'abandon, le site fait l'objet de projets de restauration.

l'estime de la diaspora. A présent tout ré émigrant, le plus découragé et le plus déçu, se faisait, sans même s'en rendre compte, le héraut de la cause qu'il avait désertée. Peut-être continuait-il à en décourager certains de se rendre en Palestine, mais en même temps il en recrutait d'autres. La crise fut surmontée.

« Casser des cailloux sur la route » — est devenu chez nous une expression qualifiant le travail le plus pénible qui soit. Mais ce n'était pas cela, ni des conditions particulièrement difficiles qui en réalité constituaient l'obstacle le plus important. Il fallait énormément d'enthousiasme et tout simplement de foi, pour foncer des routes dans l'optique de les foncer pour les Anglais, les Arabes, les touristes américains, et non pour le futur Eretz Israël. Une telle pensée devait peser comme du plomb chaque fois qu'on soulevait sa masse, atténuer comme un amortisseur la force de chaque coup. Le travail répétitif, n'en finissant pas, devait se faire encore plus lent, encore plus insupportable. Le bruit des masses fracassant la pierre devait alors vous marteler la question : pour quoi faire ? pour qui ? à quoi bon ?

A cette époque on vit sur la route Tibériade-Nazareth un nouvel ouvrier. C'était un étudiant d'Oxford, le fils du Haut-Commissaire britannique, un Juif très peu attaché aux traditions familiales, Erwin Samuel. Les halutzim se montraient le fils du « sir », un garçon rougeaud et quelque peu empâté. Une chanson sarcastique apparut, avec les paroles « Erwin, Erwin, la route ce n'est pas un sport », ce n'est pas pour les *training drives*[202] et *smashes*. Ce n'est que longtemps après qu'Erwin Samuel se gagna l'estime des halutzim. Aujourd'hui il administre le district de Nazareth. La Grande-Bretagne a beaucoup de gouverneurs par tous les continents mais on ne connaît pas dans l'histoire coloniale de l'Empire de cas où le fils d'un vice-roi eût cassé des cailloux sur la route. L'Angleterre ne permet pas à son administration blanche en Palestine de fréquenter les maisons des autochtones — quand bien même ces « autochtones » seraient issus de familles se glorifiant de descendre du

---

[202] « courses d'entraînement » en anglais.

Prophète en personne. Et pourtant les Anglais ont permis au fils d'un vice-roi de foncer des routes et couler de l'asphalte sous les yeux de leurs sujets « de couleur ». Ce n'était là de la part des Anglais ni « politique », ni fantaisie ; mais c'était comme porter la main de façon réglementaire à la visière de sa casquette militaire.

LES CANONS SOVIETIQUES MENACENT

Quelques jours avant mon départ pour la Syrie se produisit l'incident suivant, alors que je partais aux aurores pour me rendre en autobus dans une colonie. Tel Aviv se réveillait à peine. Dans l'autobus il n'y avait que des ouvriers se rendant à leur travail. Soudain tous se précipitèrent aux fenêtres : à la limite de Jaffa et de Tel Aviv, au détour d'une rue que nous venions de passer, trois policiers enlevaient une banderole suspendue à un grand poteau télégraphique. La banderole était rouge, et dans ce pays où presque toutes les inscriptions sont en deux ou trois langues, elle portait une inscription uniquement en arabe.

Je fus frappé par l'hostilité manifeste avec laquelle mes compagnons ouvriers commentaient ce spectacle. J'obtins vite une réponse amplement suffisante : le calicot communiste exhibait un slogan éloquent : « Dehors l'impérialisme judéo-anglais »

S'il se trouve un Juif-communiste, un communiste peut-être non « politique » au sens d'affidé de l'URSS, mais seulement communiste « idéaliste », càd quelqu'un qui, sur la base de ses investigations, s'est convaincu que le communisme constitue à la fois la meilleure et la plus prometteuse des formes de régime pour le monde, et si ce Juif-communiste, au lieu d'émigrer en Russie ou d'attendre la révolution mondiale, part en Palestine pour y vivre dans un kibboutz — dès son arrivée ce communiste écarquillera les yeux d'étonnement : il apprendra que tout le mouvement socialiste en Palestine, tout le mouvement des kibboutzim est combattu avec acharnement par le communisme. Il apprendra que des émissaires de l'URSS excitent les foules arabes contre les Juifs, sans rien envier en la matière aux plus hargneux des chauvinistes. S'il est, peut-être, difficilement croyable qu'il existe des contacts entre le grand moufti El Hussein, le chef du nationalisme arabe, et les communistes, cette collaboration, du moins *de facto*, existe de façon patente entre les états-majors techniques, les cadres subalternes, du premier et des seconds. Et les colons privés juifs ne sont pas les seuls, loin de là, à être visés par les attaques des communistes, au contraire. La forme de colonisation que les émissaires communistes attaquent le plus est justement sa forme communiste — les kibboutzim. Celle qu'ils attaquent le plus mollement, ce sont justement les riches colonies privées.

Le communiste théorique, dans un premier temps, n'y croit pas, mais quand il a vite fait de rassembler pléthore de preuves qu'il en est bien ainsi, il commence à ne plus s'y retrouver. Comment cela ? L'immigration juive, en injectant ici du capital, n'a-t-elle pas accéléré le développement des relations sociales dans ce pays arriéré, le faisant passer du féodalisme au capitalisme, et par conséquent au régime qui, selon la doctrine de Marx, est la dernière étape avant le communisme ? L'immigration juive n'a-t-elle pas introduit ici — du moins dans une certaine mesure — à la fois le rationalisme de la culture européenne, et la répulsion vis-à-vis du cléricalisme, fait si significatif dans un pays comme celui-ci ? Cette immigration n'a-t-elle pas mis à l'ordre du jour la question ouvrière, n'organise-t-elle pas le prolétariat arabe et, même, ne lutte-t-elle pas pour ses droits, répandant en son sein la conscience de classe ? N'a-t-elle pas, en définitive, créé ici des exploitations communautaires, fonctionnant parfaitement bien ? Un kibboutz, voisin de trois, quatre misérables villages arabes, n'est-il pas le meilleur témoin de la supériorité de cette forme d'exploitation, la meilleure propagande en sa faveur ? Dans l'histoire des mouvements révolutionnaires européens, et d'autant plus dans celle du communisme, la participation des Juifs n'a-t-elle pas eu, et n'a-t-elle pas, une telle importance, que rien que cela — pourrait-on penser — devrait leur assurer, sinon la sympathie, du moins la neutralité pour leur travail ? Et cependant le communisme combat l'établissement juif en Palestine avec autant d'acharnement que les nationalistes arabes, et peut-être même plus méthodiquement.

Comment nous représentons-nous la Russie soviétique ? Il semble que, même inconsciemment, notre point de vue ait été influencé par l'opinion de l'émigration russe « blanche », ces « gens du passé » qui se sont incrustés à Paris, Berlin ou similaire, et répètent depuis des années : « La Russie n'existe plus, la Russie, notre patrie, par un malheureux concours de circonstances, est tombée aux mains d'une clique internationale, d'une maffia, qui s'en est emparée et depuis des années sacrifie tous les intérêts de notre patrie à ses propres objectifs internationaux. » — Notre point de vue sur la Russie est sans doute celui-là, « biélogardiste »[203]. La Russie est pour nous l'instrument du communisme et des communistes dans la politique mondiale. La Russie y poursuit ces objectifs-là, et non des objectifs russes.

A l'est, cela a une tout autre allure.

Là-bas, la lutte anglo-russe n'est pas de la rhétorique journalistique, un accessoire de meeting, une matière à « pronostics militaires dans des discussions de café du commerce ». C'est une réalité. Tout le monde là-bas sait que le moindre mouvement, sans parler de l'Afghanistan ou de la Perse[204], mais des chefs de tribus des bords de l'Euphrate ou de la région de Médine, se produit sous l'action de l'un ou de l'autre des deux empires luttant pour la domination du monde. La lutte anglo-russe en Europe, l'intervention, la croisade antisoviétique — cela relève de l'anecdote. Notre grande industrie européenne, ce n'est en rien un ennemi de la *пятилетка*[205], c'est son dévoué *Hoflieferant*[206]. Mais là-bas, en Asie, il en va autrement. C'est là-bas, tout le monde le sait, que la partie doit se jouer, qu'elle n'est même pas interrompue en ce moment, qu'elle se poursuit, seulement à cartes cachées. L'Inde, la Perse, l'Afghanistan, tous les khanats et les émirats, toutes les tribus jusqu'à la plus modeste, toutes les nations et les petits peuples les plus improbables, tout ce monde constitue des pions sur l'échiquier du katsape[207] et de John Bull[208], en est conscient — *et en joue*. Dans cette partie — comme souvent dans les parties longues et acharnées — pratiquement tout se perd, hormis l'instinct proprement dit de la lutte. Dans cette partie, tout allié est bon à prendre.

Or les Soviets en Asie ne peuvent compter sur aucun zélateur du communisme. Là-bas, il faut d'abord éduquer les gens afin qu'ils puissent déjà comprendre les slogans communistes. Le travail sur « l'éveil de la conscience de classe » dans des sociétés restées au niveau de notre 12ème siècle est trop lent pour la dynamique communiste du Kremlin, trop

---

[203] Par référence aux « gardes blancs », membres de l'Armée Blanche formée après la Révolution d'Octobre 1917 pour lutter contre les bolcheviques.

[204] Allusion à la rivalité en Asie centrale entre l'Empire britannique et la Russie.

[205] « plan quinquennal » en russe.

[206] « fournisseur de la Cour » en allemand.

[207] Dénomination péjorative des Russes chez les Polonais, quelque chose comme les « russkoffs » chez les Français.

[208] Personnage symbolisant l'Anglais typique.

fastidieux. Le communisme en Asie n'a qu'une voie : conquérir les masses par des slogans non communistes, des slogans compréhensibles par les Bédouins et les Afghans les plus ignorants, les plus arriérés, des slogans populaires. Tels sont tous les slogans nationalistes, ou plutôt antieuropéens. Sont des alliés tout panarabisme, panislamisme, peu importe si à leur tête on trouve non seulement des magnats, mais aussi des chefs religieux. A ce stade (un « stade » très long), c'est pour le communisme, du point de vue politique, un problème du dixième ordre. Le seul problème qui compte, c'est qu'ils combattent également l'Angleterre. Des *попутчики*[209]. Les SR[210] russes ne sont-ils pas ce parti qui accuse les bolcheviques d'être arrivés au pouvoir en leur « volant » un slogan que le communisme n'avait pas l'intention de réaliser, mais grâce au lancement duquel il s'est rallié toute la campagne russe : la confiscation des terres des grands propriétaires ? Peut-être qu'un jour les nationalistes arabes, tout aussi vainement et au sein d'une autre émigration, accuseront les bolcheviques de leur avoir « volé » leurs slogans et d'être arrivés au pouvoir uniquement grâce à cela. Pour l'instant la partie est loin d'être jouée. Pour l'instant ce sont des « compagnons de route ».

Et donc les Juifs, disions-nous, sont l'objet des attaques les plus violentes du nationalisme arabe, d'autant plus violentes qu'elles sont pour l'instant totalement infructueuses. L'établissement d'un *home* juif en Palestine, l'existence de colonies juives dans ce pays, leur développement futur — tout cela coïncide de la façon la plus étroite dans les esprits arabes avec *l'arrivée* des Anglais, *l'occupation* anglaise, la *permanence* des Anglais sur les bords du Jourdain. L'affaire juive : quel point d'ancrage classique, tout simplement idéal, pour l'agitation anti-anglaise !

Une fois engagé sur ce terrain, le communisme doit poursuivre ses embrouilles. Il lui faut avant tout s'en prendre à la colonisation collective juive. Collective, et non privée. Pourquoi ? C'est très simple. La colonisation collective juive est la forme la plus honnie des Arabes. Dans la colonisation privée, l'Arabe trouve très fréquemment du travail chez le

---

[209] « compagnons de route » en russe.

[210] Le parti socialiste-révolutionnaire (SR) russe, né en 1901, est un parti à base essentiellement paysanne ; il sera le principal et malheureux concurrent du parti bolchevique, à base ouvrière, pour la conquête du pouvoir après la Révolution d'Octobre 1917, et disparaîtra en tant que force politique en 1921, certains de ses membres rejoignant la clandestinité ou l'exil.

colon juif, la colonie privée est la forme de colonisation qui amène dans le pays moins de Juifs, mais davantage de leur capital, dans les colonies privées la fécondité est moindre que dans les kibboutzim. Il sera un jour plus facile d'éliminer un fermier juif qu'un village juif. Il y a dix raisons pour lesquelles cette forme de colonisation est et doit être plus haïssable pour le nationalisme arabe. Le communisme ayant adopté ce nationalisme des mouftis et des effendis comme allié, pour « compagnon de route » — considérant que l'éveil du nationalisme hâtera automatiquement la venue du jour où éclateront les conflits de classe — a dû logiquement suivre sa ligne directrice et arriver jusqu'au point où cette ligne s'affronte à… un autre communisme.

Mais c'est là une politique qui, chez le lecteur le plus enthousiaste de Marx, mais moins familier des arcanes de la politique soviétique des années de la révolution, doit provoquer une violente protestation. Ces gens n'approfondissent pas les méthodes du « compagnonnage de route », ils ne voient qu'un Etat antireligieux et prolétarien s'allier, dans sa lutte contre l'Angleterre, à des clercs et des capitalistes, au camp de la « réaction noire ». Ces gens voient que la route des Soviets en Asie passe par la destruction de la Palestine sioniste, de ce kibboutz, de ce moshav, de cette colonie, où ils ont trouvé refuge, où ils sont heureux. Ces gens, plus ils étaient jadis en phase avec l'URSS, plus ils lui sont maintenant hostiles, puisque qu'ils voient en elle, outre un ennemi national, quelqu'un qui a trahi sa grande idée, cette idée à laquelle eux-mêmes avaient en son temps adhéré. Cette « route commune » avec les mouftis et les efendis déconsidère le communisme davantage que toutes les informations faisant état d'argent du parti détourné par un petit communiste des Baranowicze[211], des Suwałki. Il y a trois ans, un éminent communiste soviétique, un Tatare, ambassadeur auprès de quelque Cour orientale, a accompli le pèlerinage musulman rituel, réglementaire, à La Mecque. Notre presse plaisantait gaîment à propos de cet athée qui « s'est pointé à la Kaaba avec une prière d'Arabe, a visité les Tombeaux du Prophète », notre presse a publié des anecdotes sur le nombre de fois où le pèlerin rouge a dû se prosterner pieusement, où et quand il a dû faire d'exemplaires génuflexions. Cela nous amusait. Mais avouons que — si pour nous il importe peu que le communisme se compromette ou non de la plus ridicule

---

[211] Ville actuellement en Biélorussie occidentale, où vivait une importante communauté juive.

des manières — pour un communiste pur-sang, bien que pas encore nécessairement inféodé à l'URSS, cette information n'avait rien de plaisant. Eh bien, en Orient asiatique, des choses pareilles, ou semblables, arrivent tous les jours. Là-bas, la méthode de collaboration avec les « compagnons de route » est allée très loin. Mais, mise en œuvre dans ces conditions, elle apporte plus d'inconvénients que d'avantages. Pourquoi ? Lorsqu'on recherchait des « compagnons de route » dans le feu de l'action révolutionnaire russe, tantôt le tempo même des changements motivait la nécessité de « briser la ligne du parti », tantôt d'autres évènements avaient vite fait d'occulter l'impression de ces *salto mortale*[212]. Au Proche-Orient il règne un calme relatif, et le tempo des transformations est lent. Là-bas un compromis politique audacieux ne porte pas ses fruits tout de suite, ne donne pas de résultats aussi rapides, magnifiques, que dans la Russie des années 1917-1923. C'est pourquoi il est plus difficile à défendre aux yeux des communistes.

La Russie vue depuis l'Europe est une Russie dominée par le communisme, une Russie où les intérêts russes sont complètement subordonnés aux intérêts de la doctrine de Marx. Mais la Russie vue depuis l'Asie, le Proche-Orient — est une autre Russie. C'est un pays où l'Etat, la machine politique, étatique, ont mis totalement la main sur la science marxiste, en ont fait un instrument pour atteindre leurs objectifs, un instrument dont ils ne s'embarrassent aucunement, qu'ils utilisent parallèlement à toute une série d'autres instruments. Lors de mon voyage, j'ai entendu à deux reprises cette comparaison lourde de signification : le communisme — c'est l'orthodoxie de la Russie soviétique. C'est ici, justement, dans l'Orient turc, que l'orthodoxie fut tant de fois propagée par la Russie, à grands frais, à des fins politiques… L'orthodoxie était dans le carcan du césaro-papisme, instrument de la raison d'état russe. Mais elle n'en était pas moins la doctrine officielle, celle qu'on mettait en avant. Aujourd'hui le communisme s'est substitué à l'orthodoxie à la fois dans le premier, le deuxième et le troisième cas. Mais le but de la Russie en Asie est resté le même : désintégrer l'Angleterre. Les motivations internes de ce but ont peut-être changé, mais le but reste le même, et cela frappe tout le monde. Le nationalisme arabe est ici un instrument encore plus efficace que le communisme. La théorie du déclenchement d'une révolution nationale pour la remplacer ensuite par une révolution de

---

[212] « saut périlleux » en italien.

classe a triomphé sur toute la ligne. Telles sont les grandes lignes du problème. Mais de ces grandes lignes le petit Juif, le colon, ne saisit, ne retient qu'une seule chose : le communisme, la Russie, combattent l'établissement des Juifs en Palestine. Peu importe pourquoi ; le fait est qu'ils le combattent.

Les paradoxes de la politique soviétique en Asie nécessitent d'être déchiffrés. En revanche une chose est claire : le danger arabe, quel qu'il puisse être, sera toujours négligeable en comparaison du danger que représenterait pour les Juifs une victoire des Soviets au Proche-Orient. Ce moment sera fatal à la Palestine.

Ce qui s'efforce de combattre l'entreprise de restauration du Pays d'Israël, en un combat à la fois quotidien et à long terme, c'est la Russie Soviétique. Dans ses comptes, elle a pris en considération qu'il valait mieux s'assurer les bonnes grâces de millions d'Arabes que de deux cent mille Juifs palestiniens. Elle a commis une énorme erreur de calcul : la Palestine est restaurée non seulement par les Juifs qui y sont déjà. Elle est restaurée par les Juifs du monde entier, une douzaine de millions. Pour ces masses, il s'agit là de la tâche la plus importante du moment, comparable pour nous à la reconquête en son temps de notre Indépendance. Celui qui se met en travers de leur chemin devient leur pire ennemi, quitte à ignorer la force des liens d'une ancienne amitié. Le judaïsme fut un allié fidèle dans tous les mouvements révolutionnaires des siècles passé et présent. Le judaïsme assimilé s'est tenu invariablement du côté révolutionnaire de la barricade. Le judaïsme sioniste s'est engagé sur un terrain où il s'est trouvé pris sous le feu de la Russie révolutionnaire. Et a dû faire front contre elle.

C'est là une des choses les plus importantes que la Palestine ait introduites, c'est l'annonce, l'amorce du changement de toute la politique d'une puissante (comme l'a montré l'histoire) nation. Ce sont des choses lourdes de conséquences non seulement au Proche-Orient, mais partout où il y a des Juifs. Jusqu'il y a peu de temps, la seule étoile brillant au-dessus des misères du ghetto était l'étoile rouge du communisme ; lorsque se leva à côté d'elle une autre étoile, à six branches, l'étoile de Sion de la renaissance nationale, on ignorait qu'elle se levait pour lutter contre l'autre, et lui enlever la direction des âmes de son peuple, et que cette lutte serait immense. Aujourd'hui elle n'en est qu'à son commencement. Mais dès aujourd'hui ces évènements ont mis le judaïsme sur des chemins qu'il n'avait pas foulés depuis des temps immémoriaux. Ce ne sont pas les couteaux arabes qui menacent l'entreprise palestinienne, mais les canons soviétiques.

CONCLUSION

Il m'est extrêmement difficile de fournir en conclusion de mon reportage quelque chose qui serait comme une synthèse de mes impressions palestiniennes. J'ai arpenté ce pays dans tous les sens ; discuté avec toute une masse de gens, des gens ordinaires et des gens haut-placés dans leur hiérarchie sociale. J'ai éprouvé énormément de sensations, très fortes. Mais malgré tout cela, ce n'est pas par modestie d'auteur que j'affirme être incapable de conclure mes impressions par quelque chose qui serait digne d'elles.

Il était peut-être difficile d'être plus éloigné de la société juive que ne l'était l'auteur du présent reportage. Je suis issu d'une famille de propriétaires terriens des Confins[213], polonaise, d'au-delà les frontières actuelles[214]. En dehors de rapports avec des commerçants — comme cela se passe en ville — pas d'autres rapports avec les Juifs à l'époque. Même dans ma parentèle la plus éloignée, je n'ai personne susceptible d'avoir des attaches familiales, ne serait-ce qu'avec des assimilés. Je suis profondément attaché à ma religion, pour laquelle le rôle du judaïsme n'a pas toujours été celui du peuple élu, chez le clergé de laquelle l'antisémitisme est resté vivace jusqu'à ce jour. J'ai puisé dans le passé d'une maison terrienne traditionnelle de nombreuses traditions de la *szlachta[215]*, peut-être même féodale, dont je savais qu'elles sont étrangères, sinon hostiles, au judaïsme, et qui en tout cas constituaient « mon passé ». Tout cela ne rapproche pas du judaïsme, ni n'apprend à le comprendre. Dans mon enfance ukrainienne j'ai vu les pogroms des années 1919. Ma jeunesse universitaire s'est passée à l'époque où le recrutement d'automne à des organisations nationalistes commençait par de traditionnelles attaques, de la foule ou de groupes entiers, dirigées contre des individus juifs apeurés, traqués. Que celui qui pense qu'il s'agit là d'un banal emballement juvénile — car c'est ainsi que tel ou tel journal calmait le jeu — fasse un tour dans l'une de nos universités l'automne

---

[213] Cf. la note 157 supra.

[214] La région natale de Pruszyński, le district de Starokonstantynów, fut intégrée à la république socialiste soviétique d'Ukraine après la guerre soviéto-polonaise de 1919-1921.

[215] Petite et moyenne noblesse polonaise.

prochain, lors de la prochaine campagne de recrutement. Je l'ai fait, et malgré les assurances les plus sérieuses, les plus doctes, je ne le crois pas. Je ne crois ni en la possibilité de résoudre de cette façon le problème juif en Pologne, ni que ce soit là un « exploit » de nature à préparer la jeune génération à servir dignement la Patrie.

Et dans l'un et l'autre cas je me suis trouvé face à un grand, saignant problème. Le simple sens moral ne pouvait pas ne pas s'indigner dans ces années. L'instinct national dans sa plus grande simplicité me commandait de penser que la résolution de la question juive en Pologne constitue un grand problème, un impératif, peut-être essentiel. Je pensais qu'avant tout il valait la peine — de se familiariser avec lui. « Se familiariser », cela signifiait aussi pour moi écouter « l'autre partie ».

Lorsqu'un jeune Juif, militant universitaire dont je m'étais rapproché, me parla de la Palestine, au début j'écoutais ses propos avec scepticisme, comme tout le monde en Pologne. Mais, plus j'avais d'opportunités de parler de la Palestine avec des Juifs, plus j'étais convaincu qu'elle représentait davantage que ce que nous pensions, que cette Palestine — que les Juifs y aillent ou non — venait petit à petit se positionner au premier plan de leur horizon intellectuel. C'était là ce que je constatais, mais dont je ne comprenais pas encore les conséquences. Quelques années plus tard, je décidais d'aller voir cela par moi-même.

L'importance de la Palestine pour la question juive vient, me semble-t-il, de deux choses : d'abord, c'est une terre d'émigration juive, et sous réserve qu'on réussisse à vaincre l'opposition de l'Angleterre, qui limite impitoyablement l'immigration, elle peut jouer un grand rôle en la matière. Ensuite, la Palestine est aujourd'hui la capitale spirituelle du judaïsme, quelque chose comme notre Cracovie d'avant 1914. Ce qui s'y passe a une résonance dans toute la communauté juive dispersée en Occident, en Amérique, en Pologne... Et la politique traditionnelle, et la psyché juive, subissent l'influence de la mutation qui s'y produit aujourd'hui. Cela n'est pas sans influencer nos rapports. Cette influence me paraît positive.

Nous avons souvent reproché aux Juifs de chez nous qu'ils soutiennent le communisme, que le communisme — qui pour nous signifie non seulement la subversion sociale, mais encore l'amputation de la Pologne des deux tiers de ses terres, rendant les Confins à la Russie, la Poméranie et la Silésie à l'Allemagne, car tel est le programme du parti communiste polonais — avait au sein du ghetto d'ardents bretteurs. On ne peut maîtriser le communisme en tant qu'idée par des moyens policiers ; on ne pouvait lui opposer qu'une autre idée. Cela s'est produit sans notre complicité, mais toujours est-il que le sionisme est ce mouvement, qui dans notre ghetto accomplit de constants et incontestables progrès aux dépens du communisme, et tout en combattant le communisme. Peut-être que tout l'hitlérisme détruit les Juifs allemands d'horrible manière, les persécute, les extermine, mais le communisme en Russie a tout simplement anéanti l'existence en tant que nationalité d'un des plus grands foyers juifs au monde, l'a isolé du reste, le fondant dans le creuset de ses initiatives à l'égard des nationalités. Les Soviets sont devenus l'ennemi le plus menaçant du judaïsme. Je pense que le danger du communisme est une chose trop importante pour l'avenir de notre Etat pour ne pas prêter attention à ce moment.

Le sionisme est un mouvement qui au sein des Juifs combat l'assimilation, freine ses progrès. Je n'ai rien contre l'assimilation individuelle, une assimilation qui nous a donné entre autres un Julian Klaczko[216]. Il est probable que personne en Pologne ne souhaite l'assimilation des masses juives, à part peut-être les socialistes. L'assimilation n'est pas non plus dans l'intérêt national du judaïsme. Et le barrage le plus efficace contre l'assimilation, c'est l'entreprise sioniste.

En conséquence, le sionisme vise à ce que, plutôt que d'infiltrer la société nationale polonaise comme actuellement, le judaïsme se constitue en une société propre, non seulement religieuse, mais avant tout nationale et politique. Je vais me risquer à une comparaison, quitte à n'en retenir que quelques aspects : c'est comme un retour au ghetto. De cette communauté, préoccupée de ses propres affaires, de ses propres conflits, avec laquelle notre séculaire cohabitation s'organiserait de manière à ne pas déchirer l'unité de l'Etat par des affrontements inextinguibles.

Je ne me sens pas la force, et ce travail n'avait évidemment pas pour but de rechercher une solution au problème juif en Pologne. Il me semble seulement que dans sa discussion personne n'a voulu prendre en compte le mouvement sioniste, la Palestine. Et pourtant ce mouvement, de plus

---

[216] Julian Klaczko (1825-1906), alias Jehuda Lejb, est un homme politique, patriote polonais, critique littéraire, historien de l'art, publiciste, originaire d'une riche famille juive. Né à Wilno, il participa en 1848 à l'insurrection de Poznań lors du Printemps des Peuples, puis rejoignit l'émigration polonaise à Paris, où il adopta la religion catholique et changea de nom. Il fut un temps conseiller au ministère des Affaires Etrangères de l'Empire austro-hongrois.

en plus, gagne dans sa totalité une masse de trois millions de citoyens de notre Etat, tandis que la restauration de l'Eretz Israël — de la Palestine — est un fait.

J'étais étranger au judaïsme, étranger à tout ce par quoi d'autres peuvent être plus proches de lui, et pourtant il est des endroits dans mon reportage que j'ai rédigés avec l'enthousiasme le plus sincère. Je savais qu'ils pouvaient m'ôter aux yeux du lecteur ce caractère de froide impartialité du reporter, faire de moi quelqu'un, soit de tendancieux, soit de sentimental. La tendance m'était étrangère — quant au sentiment, la jeune génération est loin d'en éprouver pour le judaïsme. Mais il existe des réalités qui feraient naître l'enthousiasme non seulement pour des choses qui vous sont étrangères, mais même hostiles.

Et puis, j'ai vu ce pays dans le contexte de ses grands voisins historiques.

Dans la vieille Egypte, j'ai été frappé, pour ce qui est des pyramides, par ce soin et ces efforts déployés par les vieilles civilisations pour transmettre à la postérité quelque chose d'elles-mêmes. Et cela, des dizaines de siècles avant Horace : *Non omnis moriar... magnaque pars mei vitabit Libitinam*[217]... Dans la puissante Egypte, cette peur devant la mort s'est exprimée dans ces merveilles du monde que sont les mausolées royaux, des hommes d'Etat, des prêtres, des mages de cette culture. Mais qu'est-ce donc en vérité que tout cela en regard de l'instinct des Hébreux, plus pérenne que la pierre, instinct élaboré méthodiquement par leur législation religieuse, morale, sociale, par leur poésie, par la plénitude de leur créativité spirituelle, qui est parvenue à embaumer la nation entière mieux qu'on n'embaumait les pharaons là-bas, à la protéger des influences extérieures plus durablement qu'avec des murs constitués des plus gros blocs de granit ?

Que la Judée est petite, non seulement face à l'Egypte — mais aussi

---

[217] « Je ne mourrai pas entièrement... une grande part de moi-même évitera le Trépas » : citation approximative de deux vers du Livre III, XXX des Odes du poète latin Horace.

à l'Hellade ! Le consul Flamininus[218]. C'était un magnat romain, homme d'Etat et général, qui a évincé de Grèce les maîtres macédoniens. Les légions qui pénétrèrent dans Athènes étaient commandées par des fils de Rome, parlant déjà la fluide langue grecque, versés dans Xénophon et les dialogues de Platon. Cela ne pouvait rester sans conséquence, et ne l'est pas resté. Depuis sa loge du stade olympique le consul romain a proclamé la résurrection de l'indépendance grecque.

Cette indépendance sonna creux, aucun contenu ne la remplit, ni ne pouvait la remplir. La résurrection de l'Hellade s'avéra une gageure pour des siècles avant Irydion[219], malgré Homère et Phidias. Mais il y a cependant une similitude entre la Rome hellénisée et ses héritiers politiques dans notre monde actuel — les Anglais. Les armées du maréchal Allenby[220] pénétrant en Terre Sainte étaient des Anglosaxons élevés d'après la Bible, l'Ancien Testament, si important pour les protestants. Tous les ordres de lord Allenby respirent des réminiscences bibliques, tous les échos dans la presse de cette expédition, également. La Grande-Bretagne, en proclamant la résurrection de la Judée, c'était aussi un acte historique, qui avait quelque chose du geste du consul romain. Là se terminent les analogies. On ne put rendre la vie à l'Hellade à peine quelques siècles après Chéronée[221]. Comme l'Egypte qui n'a survécu que par ses monuments, elle n'a survécu que par les hexamètres de l'*Iliade*. Dix-huit siècles n'ont pas transformé en mort la léthargie de la Judée. Des trois civilisations du Proche-Orient, c'est elle qui a préservé le maximum, car elle a préservé son peuple. La déclaration de Balfour n'a pas subi le sort de la proclamation de Flamininus. Cela paraissait pourtant si certain, si

---

[218] Titus Quinctius Flaminius (vers 229-174 av. JC) a proclamé en 196 av. JC la liberté des cités grecques lors d'un discours aux Jeux Isthmiques à Corinthe.

[219] Allusion à une pièce du dramaturge polonais Zygmunt Krasiński (1812-1859) publiée en 1836, dans laquelle le héros Irydion veut venger la captivité de sa patrie grecque en prenant prématurément les armes contre Rome.

[220] Le général Edmund Allenby (1861-1936), nommé *field marshal* en 1919, commanda les troupes britanniques de la Force expéditionnaire égyptienne à partir de 1917 ; il entre à Jérusalem en décembre 1917, Damas et Alep tombent en octobre 1918, la Turquie capitule le 30 octobre 1918. Allenby est nommé Haut-Commissaire pour l'Egypte et le Soudan en 1919 et le restera jusqu'en 1925, année de sa retraite.

[221] Lors de la bataille de Chéronée en 338 av. JC, Philippe II de Macédoine remporta une victoire décisive sur une coalition de cités grecques.

probable.

Le passé de ce pays oscille constamment entre deux grands extrêmes, que la langue des prophètes a définis de belle façon, à l'orientale. La Palestine a été un pays où il n'est pas resté pierre sur pierre, mais aussi un pays où coulent le lait et le miel. Aujourd'hui elle est de nouveau dans cette seconde phase. L'ère de l'Avènement du Christianisme sort du cadre du passé historique de ce pays, elle le domine et en est si *différente*. Mais cette Ere mise à part, la Palestine a déjà pesé par deux fois sur l'histoire de l'humanité, une première fois par l'histoire des Hébreux, une deuxième par le poids des croisades. Dans les deux cas, ce qui s'est passé dans ce minuscule pays n'est pas resté sans résonance dans le monde lointain. J'ai l'impression que, de ce point de vue, les conséquences de la renaissance sioniste supporteront un jour la comparaison avec ces temps reculés, où la Palestine pour la première et la deuxième fois entrait dans l'histoire du monde.

TABLE

FSC
www.fsc.org
MIXTE
Papier issu
de sources
responsables
Paper from
responsible sources
FSC® C105338